COLLECTION

DE

CHANTS D'ÉCOLE

A DEUX VOIX

RECUEILLIS OU COMPOSÉS

PAR AUGUSTE BOUILLON,

Chevalier de l'Ordre Léopold,
Inspecteur de l'enseignement de la musique vocale dans les écoles primaires de la ville de Bruxelles, directeur du cours populaire, etc.,

Et accompagnés de paroles nouvelles

PAR ALFRED D'AVELINE.

Bruxelles,

IMPRIMERIE DE Ve PARENT & FILS, MONTAGNE DE SION, 17.

1860.

COLLECTION

DE

CHANTS D'ÉCOLE

A DEUX VOIX,

RECUEILLIS OU COMPOSÉS

PAR AUGUSTE BOUILLON,

Chevalier de l'Ordre Léopold,
Inspecteur de l'enseignement de la musique vocale dans les écoles primaires de la ville de Bruxelles, directeur du cours populaire, etc.

Et accompagnés de paroles nouvelles

PAR ALFRED D'AVELINE.

Bruxelles,

IMPRIMERIE DE Vᵉ PARENT & FILS, MONTAGNE DE SION, 17.

1860.

PRÉFACE.

Personne ne songe plus à contester l'utilité d'une collection de chants destinés aux écoles primaires, soit comme moyen d'inculquer aux enfants des sentiments nobles et élevés et de former leur cœur par le langage de la musique et par le sens moral des paroles, soit comme moyen de les habituer à une prononciation nette et à une accentuation exacte de la langue maternelle.

Sans doute, les recueils de cette espèce sont fort nombreux. Mais nous n'en connaissons aucun qui réunisse toutes les conditions exigées dans des collections semblables, c'est-à-dire qui joigne à un choix de mélodies faciles, agréables et bien caractérisées, un choix de paroles simples, naïves, appropriées à l'intelligence des enfants, destinées à leur former le cœur et l'esprit, et en outre, rhythmées de manière à correspondre le plus exactement possible au rhythme musical. Parmi les recueils publiés en langue française il n'y en a point dont les auteurs aient tenu compte de l'accentuation des mots et de la cadence des vers, qui sont, presque à chaque ligne, en désaccord avec la cadence de la musique. De là il doit nécessairement résulter que les jeunes chanteurs s'habituent à une accentuation vicieuse, forcés qu'ils sont d'appuyer sur des syllabes faibles ou de glisser sur des syllabes fortes, selon qu'elles sont adaptées à des notes frappées ou levées.

Dans le recueil que nous offrons au public, nous avons essayé de remédier à ce défaut si généralement senti. A une série de chants, à la fois simples et élégants, nous avons essayé d'appliquer des poésies qui contiennent toujours une pensée morale et qui, par la construction rhythmique des vers, ne se trouvent jamais trop en désaccord avec l'accentuation musicale. Nous serions heureux si nous avions réussi à rendre par là un nouveau service à l'enseignement du chant dans les écoles primaires.

A la fin de notre recueil nous avons admis deux morceaux qui n'appartiennent pas à notre système rhythmique. Devenus populaires, ils avaient, à cause des sentiments patriotiques qui y sont exprimés, droit de cité dans une collection dont le but est de développer chez la génération naissante l'amour de tout ce qui est bon, noble et élevé.

RECUEIL DE CHANTS.

N° 1.

PRIÈRE DU MARIN.

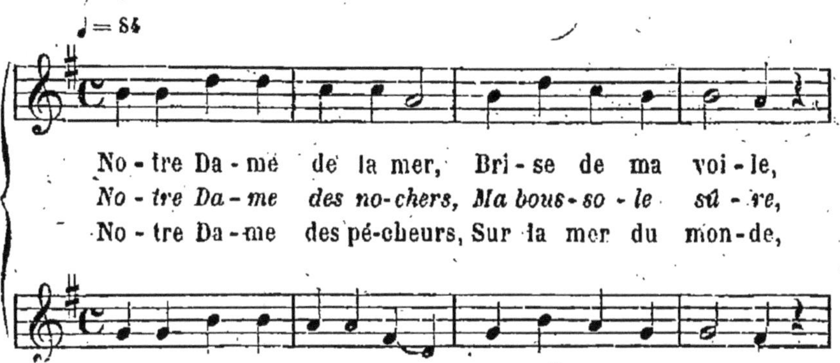

No - tre Da - me de la mer, Bri - se de ma voi - le,
No - tre Da - me des no - chers, Ma bous - so - le sû - re,
No - tre Da - me des pé - cheurs, Sur la mer du mon - de,

Qui m'em - porte au flot a - mer, O ma blanche é - toi - le!
Qui me gar - de des ro - chers, Où le flot mur - mu - re,
Oh! sou - vent, sou - vent nos cœurs Ont leur nuit pro - fon - de.

Qui m'em - porte au flot a - mer, O ma blanche é - toi - le!
Qui me gar - de des ro - chers, Où le flot mur - mu - re,
Oh! sou - vent, sou - vent nos cœurs Ont leur nuit pro - fon - de.

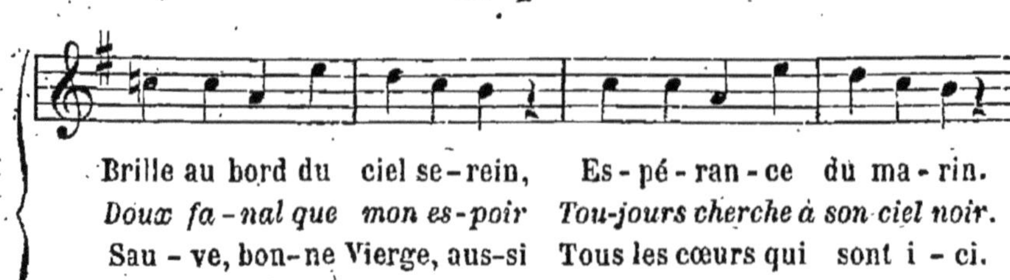

Brille au bord du ciel se-rein, Es-pé-ran-ce du ma-rin.
Doux fa-nal que mon es-poir Tou-jours cherche à son ciel noir.
Sau-ve, bon-ne Vierge, aus-si Tous les cœurs qui sont i-ci.

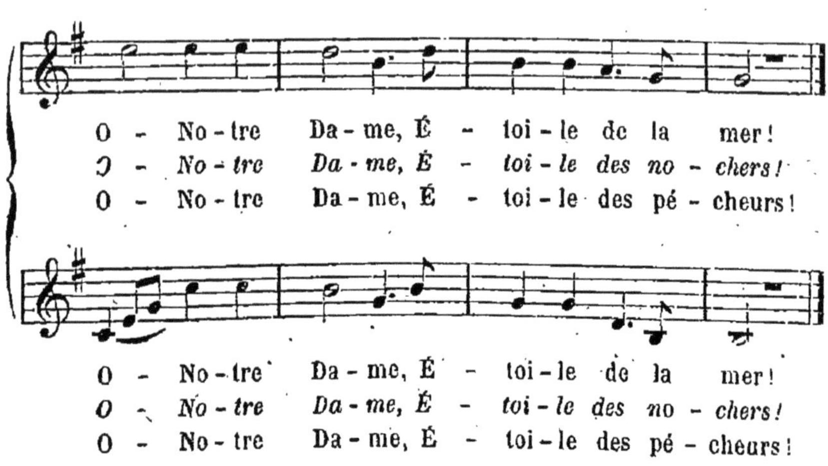

N° 2.

LE NOM DE LA PATRIE.

phant! Ce nom di - gne de mé - moi - re, Fait d'hon-
grand, Que les flots sur nos ri - va - ges, Nos fo-
neur, Dans nos â - mes qu'il se gra - ve, Ce con-

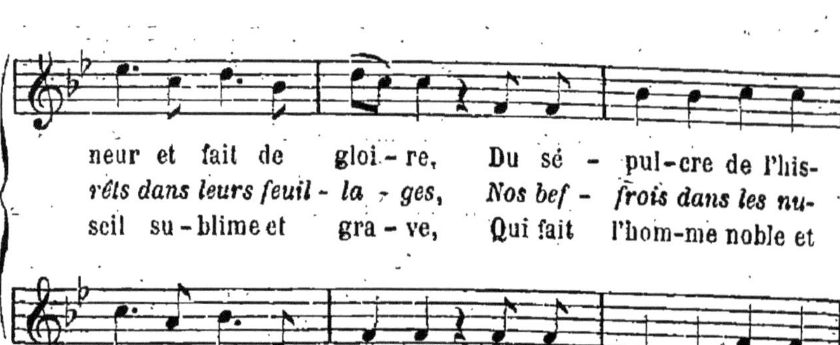

neur et fait de gloi - re, Du sé - pul-cre de l'his-
rêts dans leurs feuil - la - ges, Nos bef - frois dans les nu-
seil su - blime et gra - ve, Qui fait l'hom-me noble et

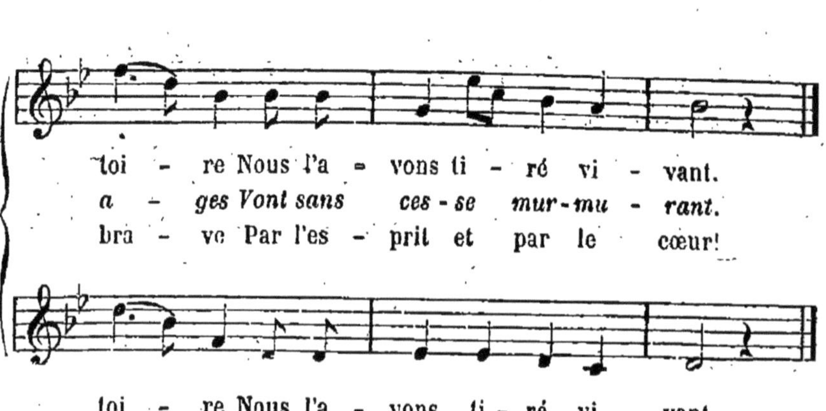

toi - re Nous l'a - vons ti - ré vi - vant.
a - ges Vont sans ces - se mur - mu - rant.
bra - ve Par l'es - prit et par le cœur!

N°. 3.

LES BOUQUETS DES ANGES.

♩= 100

Frè - res, tê - tes blon-des, Qui dan-sez vos ron - des Et jou-
Mil - le fleurs ver - meil - les, Ro - ses sans pa-reil- les, Crois-sent
Puis, en-fants qu'ils ai - ment, Sur vos lits ils sè - ment Ces bou-

Frè - res, tê - tes blon-des, Qui dan-sez vos ron - des Et jou-
Mil - le fleurs ver - meil - les, Ro - ses sans pa-reil-les, Crois-sent
Puis, en-fants qu'ils ai - ment, Sur vos lits ils sè - ment Ces bou-

ez a - vec les fleurs, Que ces fleurs jo - li - es, Dans les prés cueil-
dans les champs des cieux. De ces fleurs é - tran-ges, Cha-que, nuit vos
quets char-mants et doux, Et leur voix si pu - re Dou-ce-ment mur-

ez a - vec les fleurs, Que ces fleurs jo - li - es, Dans les prés cueil-
dans les champs des cieux. De ces fleurs é - tran-ges, Cha-que, nuit vos
quets char-mants et doux, Et leur voix si pu - re Dou-ce-ment mur-

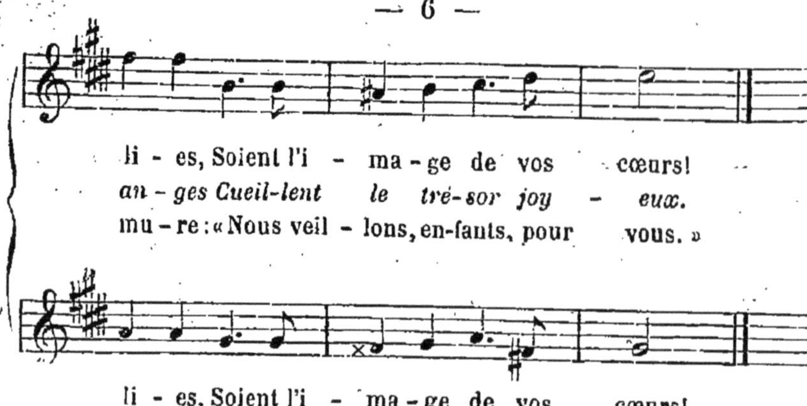

PRIÈRE POUR LE ROI.

N° 4.

♩= 60.

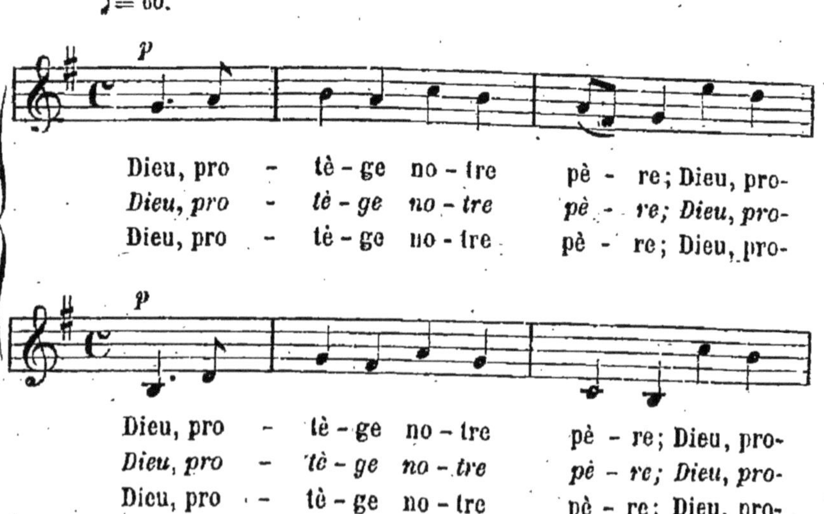

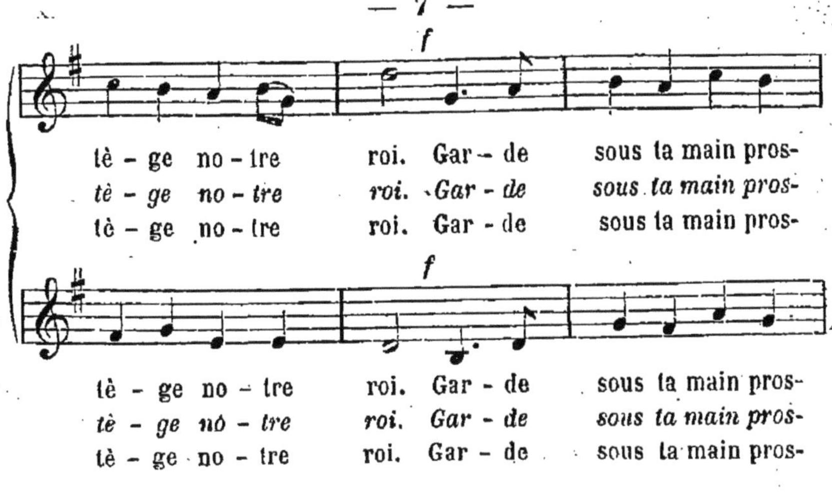

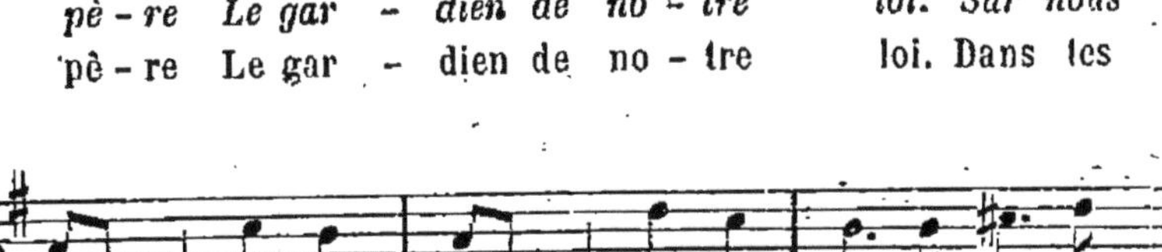

prê - me, de tes grâ - ces, Ver - se lui le saint tré-
veil - le sa sa - ges - se, Sur nous veil - le sa bon-
rou - tes, dans ton om - bre, Tu le sais, il va, Sei-

prê - me, de tes grâ - ces, Ver - se lui le saint tré-
veil - le sa sa - ges - se, Sur nous veil - le sa bon-
rou - tes, dans ton om - bre, Tu le sais, il va, Sei-

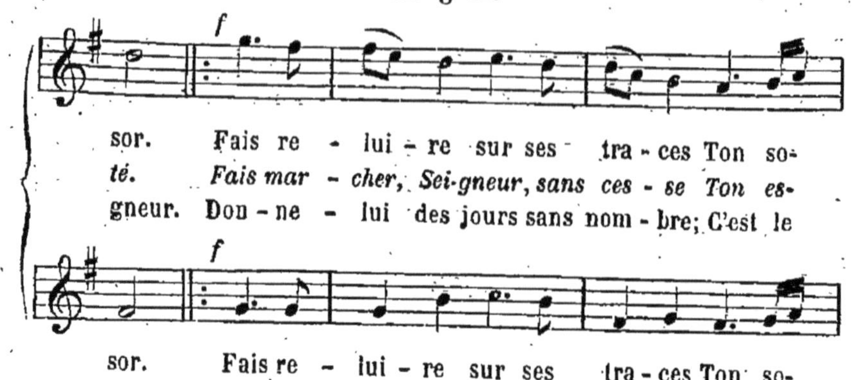
f
sor. Fais re - lui - re sur ses tra - ces Ton so-
té. Fais mar - cher, Sei-gneur, sans ces - se Ton es-
gneur. Don - ne - lui des jours sans nom - bre; C'est le
f
sor. Fais re - lui - re sur ses tra - ces Ton so-
té. Fais mar - cher, Sei-gneur, sans ces - se Ton es-
gneur. Don - ne - lui des jours sans nom-bre; C'est le

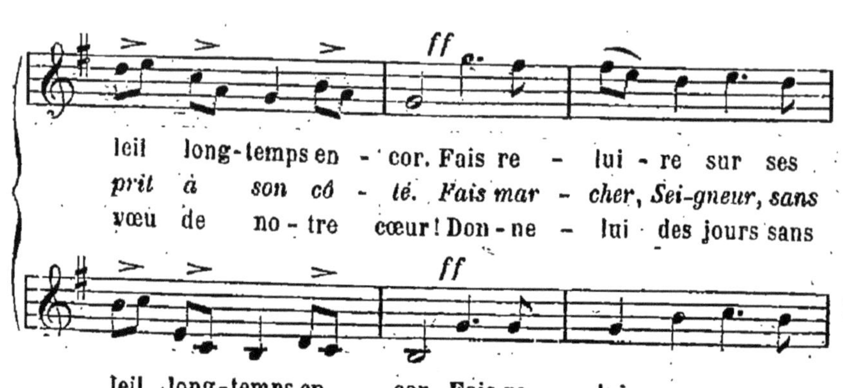
ff
leil long-temps en - cor. Fais re - lui - re sur ses
prit à son cô - té. Fais mar - cher, Sei-gneur, sans
vœu de no - tre cœur! Don - ne - lui des jours sans
ff
leil long-temps en - cor. Fais re - lui - re sur ses
prit à son cô - té! Fais mar - cher, Sei-gneur, sans
vœu de no - tre cœur! Don-ne - lui des jours sans

tra - ces Ton so - leil long-temps en - cor!
ces - se Ton es - prit à son cô - té!
nom-bre; C'est le vœu de no - tre cœur!
tra - ces Ton so - leil long - temps en - cor!
ces - se Ton es - prit à son cô - té!
nom-bre; C'est le vœu de no - tre cœur!

N° 5.

L'ORCHESTRE DU PRINTEMPS.

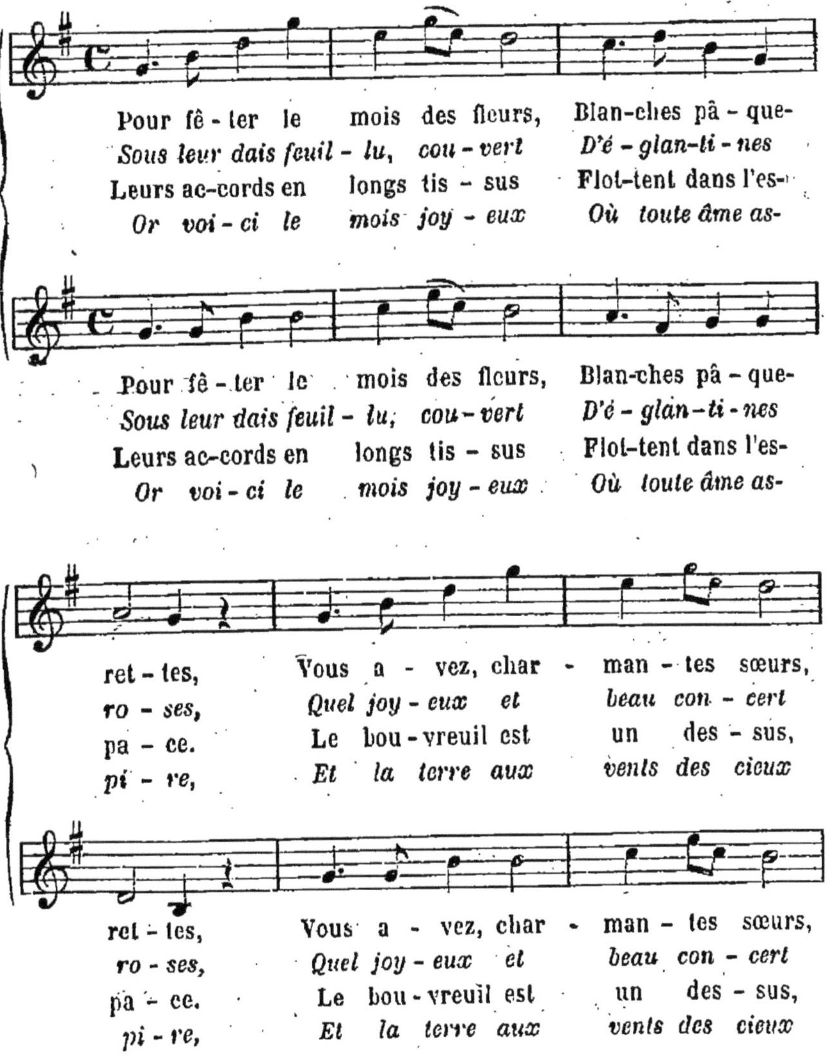

Mis vos col - le - ret - tes. Les oi - seaux sont
Font nos vir - tu - o - ses! Ra - vis - sant con-
Le cor - beau la bas - se. La fau - vette est
Fait vi - brer sa ly - re. Car tout cœur s'é-
Mis vos col - le - ret - tes. Les oi - seaux sont
Font nos vir - tu - o - ses! Ra - vis - sant con-
Le cor - beau la bas - se. La fau - vette est
Fait vi - brer sa ly - re. Car tout cœur s'é-
tous en voix. Leur or - ches - tre chante au bois,
cert, ma foi, Comme en a fort peu le roi,
leur té - nor, Puis le ros - si - gnol en - cor,
pa - nou - it Quand l'au - ro - re dans la nuit,
tous en voix. Leur or - ches - tre chante au bois,
cert, ma foi, Comme en a fort peu le roi,
leur té - nor, Puis le ros - si - gnol en - cor,
pa - nou - it Quand l'au - ro - re dans la nuit,
Leur or - ches - tre chante au bois. Hâ - tez - vous, fleu - ret - tes.
Comme en a fort peu le roi Sous ses toits mo - ro - ses!
Puis le ros - si - gnol en - cor, Doux chan - teur qui pas - se.
Quand l'au - ro - re dans la nuit Vient au ciel sou - ri - re.
Leur or - ches - tre chante au bois. Hâ - tez - vous, fleu - ret - tes.
Comme en a fort peu le roi Sous ses toits mo - ro - ses!
Puis le ros - si - gnol en - cor, Doux chan - teur qui pas - se.
Quand l'au - ro - re dans la nuit Vient au ciel sou - ri - re.

No 6.

INVITATION AU CHANT.

—

♩ = 106.

Loin d'i-ci le sou-ci, Et les rê-ves noirs aus-si!
Sous le toit des buis-sons, Vous chan-tez, ô gais pin-sons.
Plein de si, plein de mais, Le mé-chant ne rit ja-mais.
Quant à nous, on nous voit Dans nos rou-tes mar-cher droit.

Loin d'i-ci le sou-ci, Et les rê-ves noirs aus-si!
Sous le toit des buis-sons, Vous chan-tez, ô gais pin-sons.
Plein de si, plein de mais, Le mé-chant ne rit ja-mais.
Quant à nous, on nous voit Dans nos rou-tes mar-cher droit.

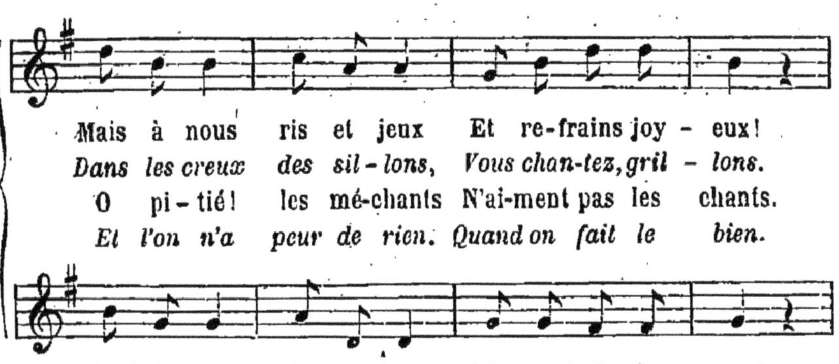

Mais à nous ris et jeux Et re-frains joy - eux!
Dans les creux des sil-lons, Vous chan-tez, gril - lons.
O pi-tié! les mé-chants N'ai-ment pas les chants.
Et l'on n'a peur de rien, Quand on fait le bien.

Fi des hom-mes ré - chi-gnés Aux vi - sa - ges ren - fro-gnés!
A - lou - et - tes, dans les cieux Vous se - mez vos chants joy - eux.
Car ils por-tent dans leur cœur Un té-moin qui leur fait peur.
C'est pour-quoi, le cœur con-tent, Nous al-lons tou - jours chan-tant

Fi des hom-mes ré - chi-gnés Aux vi - sa - ges ren - fro-gnés!
A - lou - et - tes, dans les cieux Vous se - mez vos chants joy - eux.
Car ils por-tent dans leur cœur Un té-moin qui leur fait peur.
C'est pour-quoi, le cœur con-tent, Nous al-lons tou - jours chan-tant

Mais à nous, fronts se - reins, Les joy - eux re - frains!
Com - me vous, sans sou - ci, Nous chan-tons aus - si.
Et leur dit : « c'est as - sez! Mes en-fants, pas - sez! »
Et fi - lons nos chan - sons Com - me des pin - sons.

Mais à nous, fronts se - reins, Les joy - eux re - frains!
Com - me vous, sans sou - ci, Nous chan-tons aus - si.
Et leur dit : « c'est as - sez! Mes en-fants, pas - sez! »
Et fi - lons nos chan - sons Com - me des pin - sons.

No 7.

LE PRINTEMPS.

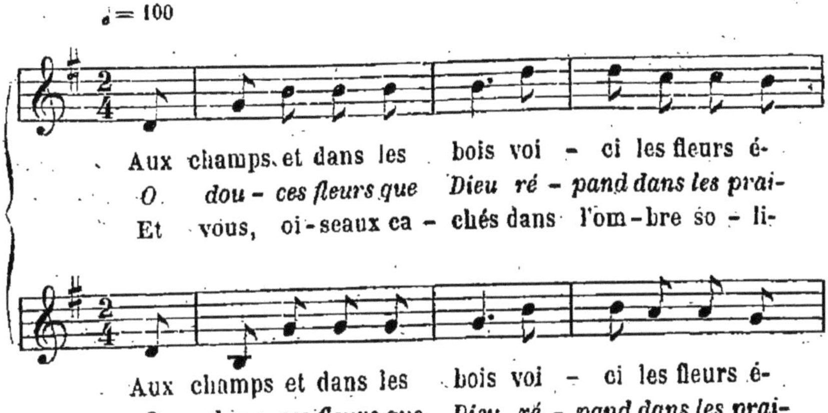

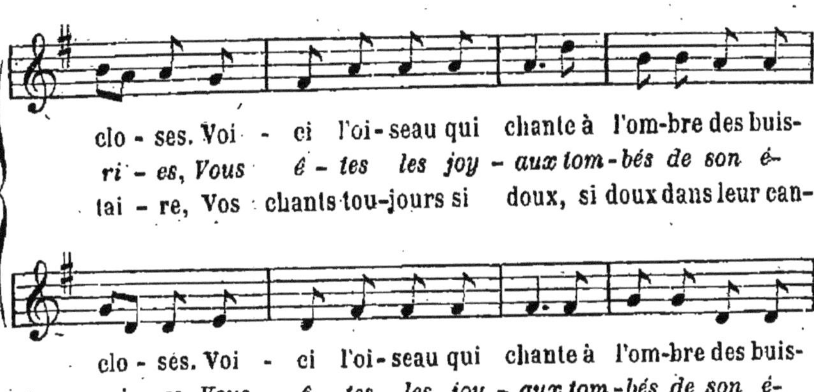

sons, des verts buis - sons. Sa - lut, o lis, o
crin, de son é - crin, Les ri - ches pier-re-
deur, dans leur can - deur, Sont l'hym-ne que la
sons, des verts buis - sons. Sa - lut, o lis, o
crin, de son é - crin, Les ri - ches pier-re-
deur, dans leur can - deur, Sont l'hym-ne que la

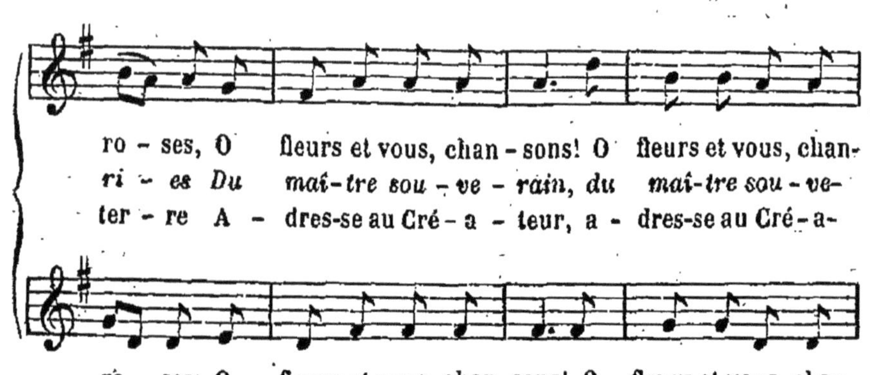
ro - ses, O fleurs et vous, chan - sons! O fleurs et vous, chan-
ri - es Du maî-tre sou - ve - rain, du maî-tre sou - ve-
ter - re A - dres-se au Cré - a - teur, a - dres-se au Cré - a-
ro - ses, O fleurs et vous, chan-sons! O fleurs et vous, chan-
ri - es Du maî-tre sou - ve - rain, du maî-tre sou - ve-
ter - re A - dres-se au Cré - a - teur, a - dres-se au Cré-a-

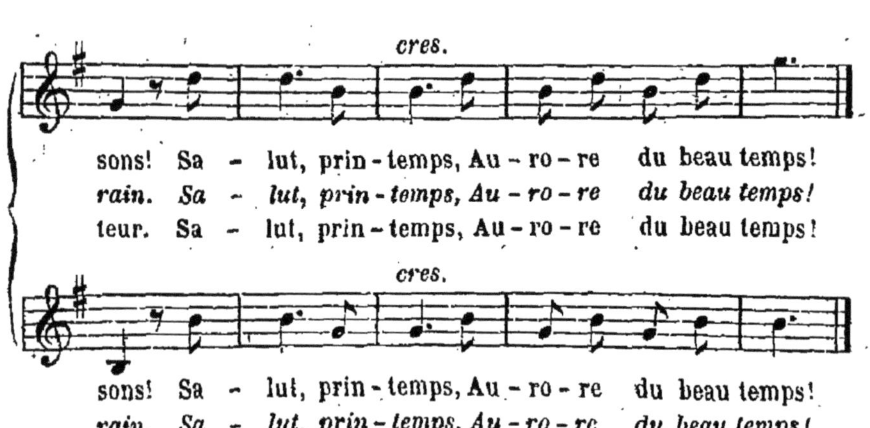
cres.
sons! Sa - lut, prin - temps, Au - ro - re du beau temps!
rain. Sa - lut, prin - temps, Au - ro - re du beau temps!
teur. Sa - lut, prin - temps, Au - ro - re du beau temps!
cres.
sons! Sa - lut, prin - temps, Au - ro - re du beau temps!
rain. Sa - lut, prin - temps, Au - ro - re du beau temps!
teur. Sa - lut, prin - temps, Au - ro - re du beau temps!

N° 8.

LA FLEUR DE L'AMITIÉ.

el - le. Plus pu - re qu'un lis, plus ver - meil - le que
ron - ne. Sa fraî - che beau - té bra - ve mê - me l'hi-
dou - ce. Il naît dans nos cœurs, ce tré - sor en - vi-
el - le. Plus pu - re qu'un lis, plus ver - meil - le que
ron - ne. Sa fraî - che beau - té bra - ve mê - me l'hi-
dou - ce. Il naît dans nos cœurs, ce tré - sor en - vi-

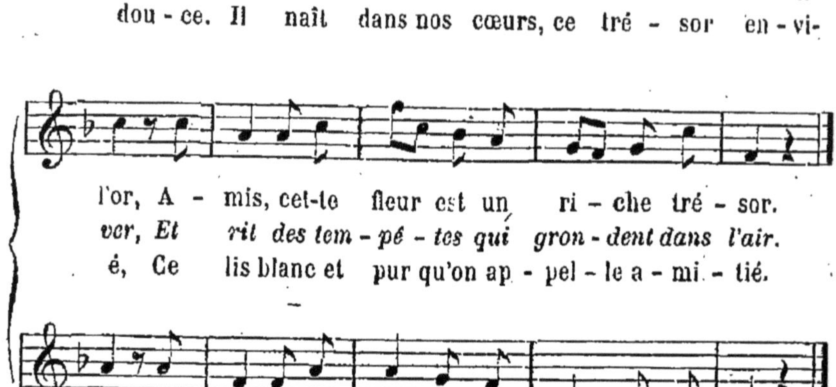
l'or, A - mis, cet-te fleur est un ri - che tré - sor.
ver, Et rit des tem - pê - tes qui gron - dent dans l'air.
é, Ce lis blanc et pur qu'on ap - pel - le a - mi - tié.
l'or, A - mis, cet-te fleur est un ri - che tré - sor.
ver, Et rit des tem - pê - tes qui gron - dent dans l'air.
é, Ce - lis blanc et pur qu'on ap - pel - le a - mi - tié.

N° 9.

LES FLEURS.

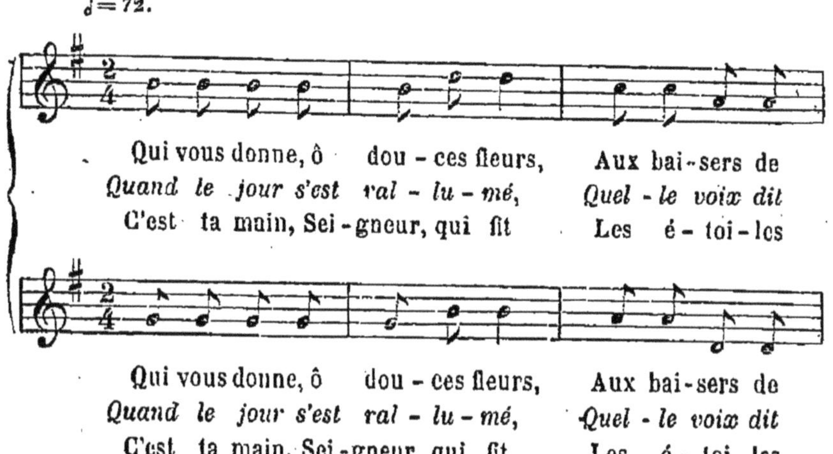

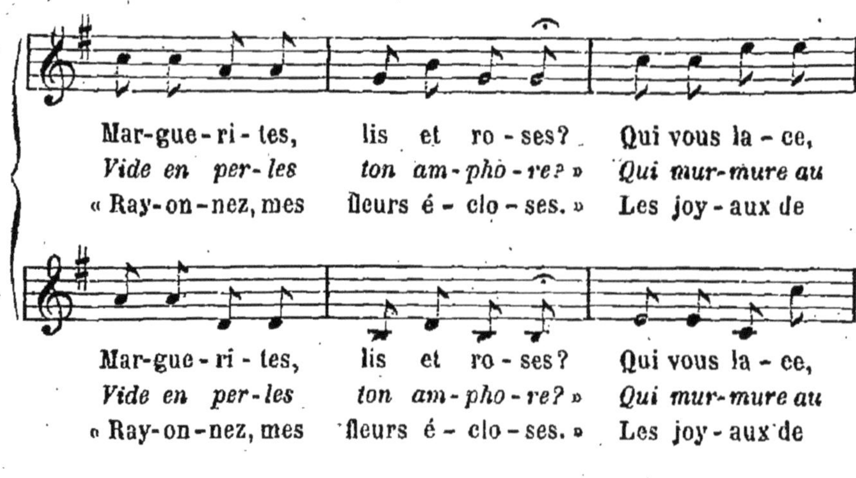
Mar-gue-ri-tes, lis et ro-ses? Qui vous la-ce,
Vide en per-les ton am-pho-re? » *Qui mur-mure au*
« Ray-on-nez, mes fleurs é-clo-ses. » Les joy-aux de
Mar-gue-ri-tes, lis et ro-ses? Qui vous la-ce,
Vide en per-les ton am-pho-re? » *Qui mur-mure au*
« Ray-on-nez, mes fleurs é-clo-ses. » Les joy-aux de

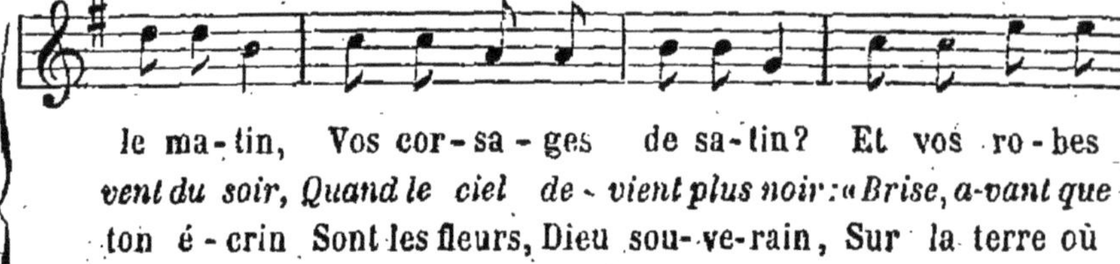
le ma-tin, Vos cor-sa-ges de sa-tin? Et vos ro-bes
vent du soir, Quand le ciel de-vient plus noir: « Brise, a-vant que
ton é-crin Sont les fleurs, Dieu sou-ve-rain, Sur la terre où

le ma-tin, Vos cor-sa-ges de sa-tin? Et vos ro-bes
vent du soir, Quand le ciel de-vient plus noir: « Brise, a-vant que
ton é-crin Sont les fleurs, Dieu sou-ve-rain, Sur la terre où

nu-an-cé-es Quel-le main les a tis-sé-es?
tu som-meil-les, Ra-fraî-chis mes fleurs ver-meil-les? »
l'hom-me pas-se, Et les as-tres dans l'es-pa-ce.
nu-an-cé-es Quel-le main les a tis-sé-es?
tu som-meil-les, Ra-fraî-chis mes fleurs ver-meil-les? »
l'hom-me pas-se, Et les as-tres dans l'es-pa-ce.

N° 10.

CHANSON DE MARCHE.

—

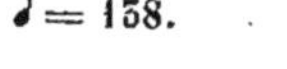

Les pin - sons Chan-tent leurs chan-sons. Le prin-temps par-
Nous voi - ci, Mes a-mis, aus-si. Dans les plai-nes
Le bou - leau Pleu-re au bord de l'eau. Il vou-drait aus-
Dans les airs Quels joy-eux con-certs! Dans les cieux les

Les pin - sons Chan-tent leurs chan-sons. Le prin-temps par-
Nous voi - ci, Mes a-mis, aus-si. Dans les plai-nes
Le bou - leau Pleu-re au bord de l'eau. Il vou-drait aus-
Dans les airs Quels joy-eux con-certs! Dans les cieux les

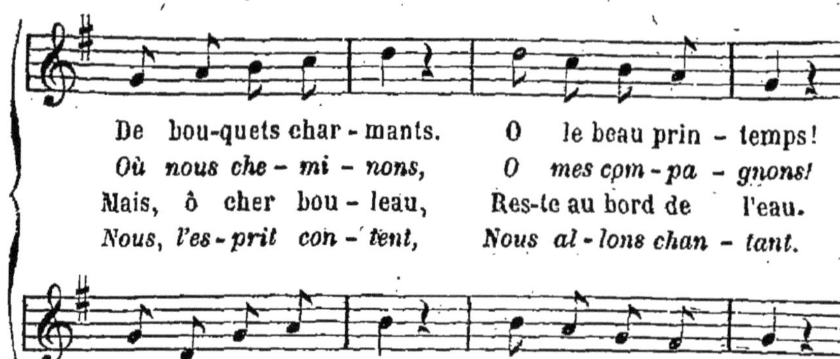

De bou-quets char - mants. O le beau prin - temps!
Où nous che - mi - nons, O mes com - pa - gnons!
Mais, ô cher bou - leau, Res-te au bord de l'eau.
Nous, l'es - prit con - tent, Nous al - lons chan - tant.

No 11.

L'ARRIVÉE DU PRINTEMPS.

♩ = 138.

dieu les jours mo - ro - ses! Les bois sont pleins de ro - ses.
rit dans la na - tu - re. Tout ar-bre a son mur-mu-re.
mains de fleurs sont plei - nes, Qu'il sè - me dans les plai-nes.
rons dans l'a - ve - nu - e Chan - ter sa bien - ve - nu - e.

dieu les jours mo - ro - ses! Les bois sont pleins de ro - ses.
rit dans la na - tu - re. Tout ar-bre a son mur-mu-re.
mains de fleurs sont plei - nes, Qu'il sè - me dans les plai-nes.
rons dans l'a - ve - nu - e Chan - ter sa bien - ve - nu - e.

N° 12.

LA CHANSON DU ROSSIGNOL.

♩= 100

j'aime en - ten - dre vo - tre voix S'u - nir aux plain-tes
cho par-mi les verts buis-sons En sait les no - tes
vou - dri - ons ap - pren-dre aus-si Vo-tre ut, ré, mi, fa,

N° 13.

CHANSON DE L'ABEILLE.

—

♩=72.

L'a - beil - le va de fleurs en fleurs, L'a - beil-le vo - le,
« *Voi - ci, voi - ci le beau prin-temps, En-fant, ré-pond l'a-*
» Si - tôt que luit le frais ma - tin, Je suis à mon ou-
Comme el - le va par - lant ain - si, L'en-fant dit: « Vo-le!

L'a - beil - le va de fleurs en fleurs, L'a - beil-le vo - le,
« *Voi - ci, voi - ci le beau prin-temps, En-fant, ré-pond l'a-*
» Si - tôt que luit le frais ma - tin, Je suis à mon ou-
Comme el - le va par - lant ain - si, L'en-fant dit: « Vo-le!

vo - le. L'en - fant s'en va, les yeux en pleurs, Tout
beil - le. Aux prés tout pleins d'oi - seaux chan-tants Il
vra - ge. Je prends aux fleurs mon doux bu - tin Et
vo - le! » Et court, l'es - prit mieux é - clair - ci, Tout
vo - le. L'en - fant s'en va, les yeux en pleurs, Tout
beil - le. Aux prés tout pleins d'oi - seaux chan-tants Il
vra - ge. Je prends aux fleurs mon doux bu - tin Et
vo - le! » Et court, l'es - prit mieux é - clair - ci, Tout
tris-te à son é - co - le. Il dit : « Sur ma pa-
vi - de sa cor - beil - le. Dès l'au - be je m'é-
gla-ne a-vec cou - ra - ge. L'é - tude, en - fant vo-
droit à son é - co - le. De - puis, a - beil - le
tris-te à son é - co - le. Il dit : « Sur ma pa-
vi - de sa cor - beil - le. Dès l'au - be je m'é-
gla-ne a - vec cou - ra - ge. L'é - tude, en - fant vo-
droit à son é - co - le. De - puis, a - beil - le
ro - le, J'en - vie, a - beil - le fol - le, Ton
veil - le A - vec la plus ver - meil - le, Et
la - ge, Pro - duit le miel du sa - ge. En-
fol - le, Il son-ge à ta pa - ro - le, Ap-
ro - le, J'en - vie, a - beil - le fol - le, Ton
veil - le A - vec la plus ver - meil - le, Et
la - ge, Pro - duit le miel du sa - ge. En-
fol - le, Il son-ge à ta pa - ro - le, Ap-

No 14.

CHANSON DU PÊCHEUR.

2

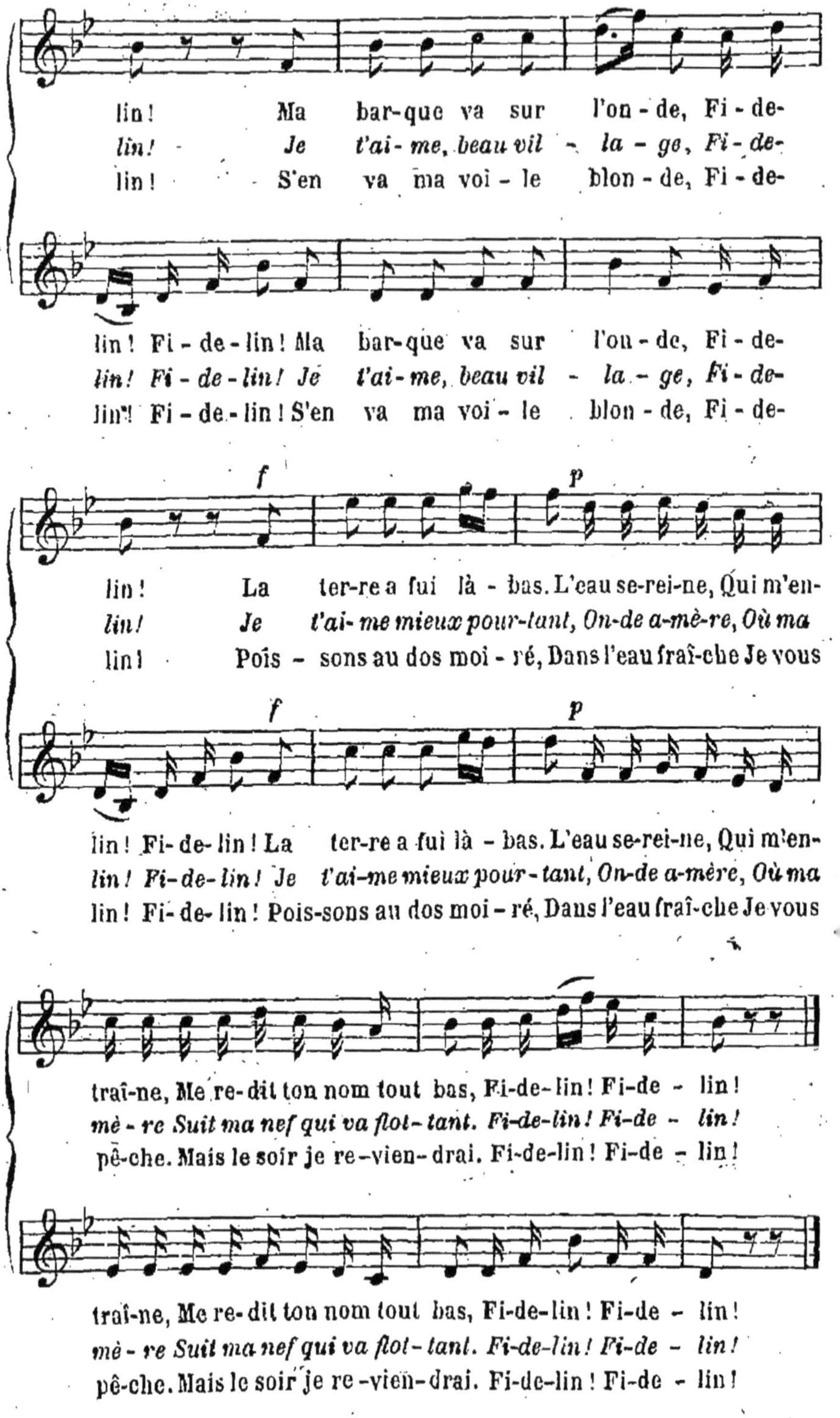
f
p
lin ! Ma bar-que va sur l'on - de, Fi - de-
lin! Je t'ai - me, beau vil - la - ge, Fi - de-
lin ! S'en va ma voi - le blon - de, Fi - de-
lin ! Fi - de - lin ! Ma bar-que va sur l'on - de, Fi - de-
lin! Fi - de - lin! Je t'ai - me, beau vil - la - ge, Fi - de-
lin ! Fi - de - lin ! S'en va ma voi - le blon - de, Fi - de-
lin ! La ter-re a fui là - bas. L'eau se-rei-ne, Qui m'en-
lin! Je t'ai- me mieux pour-tant, On-de a-mè-re, Où ma
lin ! Pois - sons au dos moi - ré, Dans l'eau fraî-che Je vous
lin ! Fi-de-lin ! La ter-re a fui là - bas. L'eau se-rei-ne, Qui m'en-
lin ! Fi-de-lin ! Je t'ai-me mieux pour - tant, On-de a-mère, Où ma
lin ! Fi-de-lin ! Pois-sons au dos moi - ré, Dans l'eau fraî-che Je vous
traî-ne, Me re-dit ton nom tout bas, Fi-de-lin ! Fi-de - lin !
mè - re Suit ma nef qui va flot- tant. Fi-de-lin ! Fi-de - lin !
pê-che. Mais le soir je re-vien-drai. Fi-de-lin ! Fi-de - lin !
traî-ne, Me re-dit ton nom tout bas, Fi-de-lin ! Fi-de - lin !
mè - re Suit ma nef qui va flot- tant. Fi-de-lin ! Fi-de - lin !
pê-che. Mais le soir je re-vien-drai. Fi-de-lin ! Fi-de - lin !

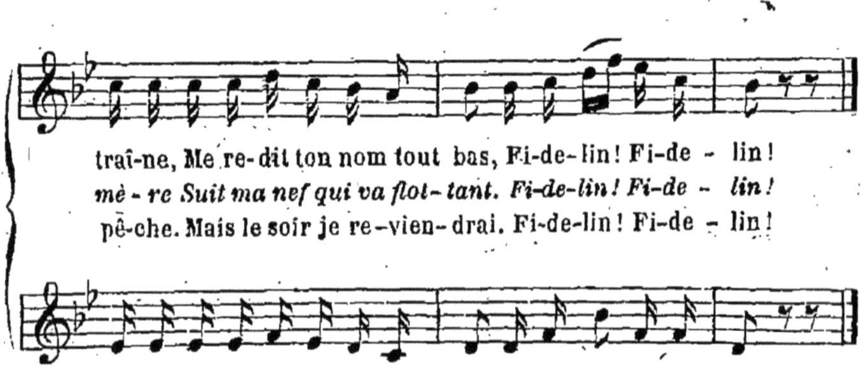

No 15.

LES FLEURS DU PRINTEMPS.

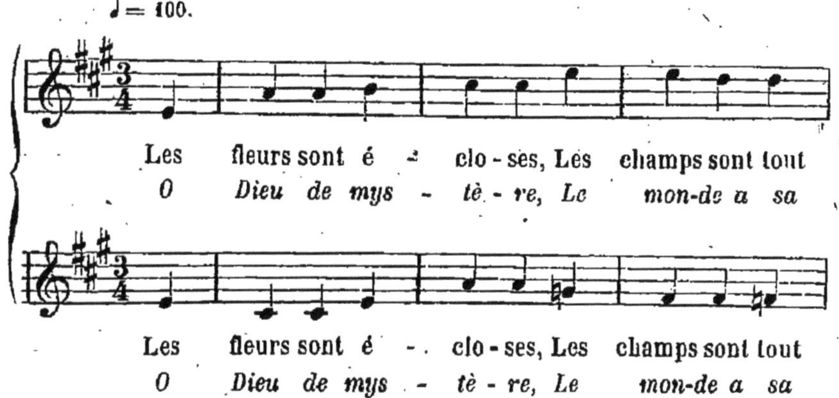

No 16.

LE MOIS DE MAI.

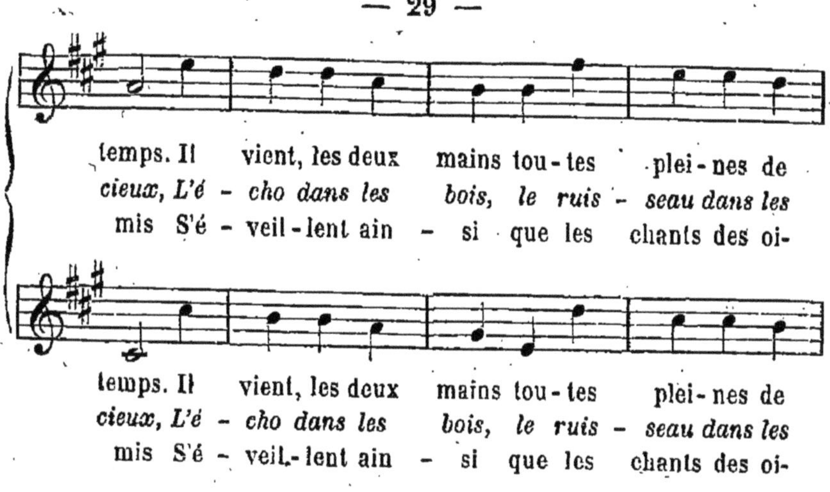

fleurs, Et sè-me la ter-re de mil-le cou-leurs.
prés, Les champs de ver - du-re et de fleurs di - a - prés.
seaux Au fond des fo - rêts sous les toits des bou-leaux!

N° 17.

LE JARDIN DE LA VIE.

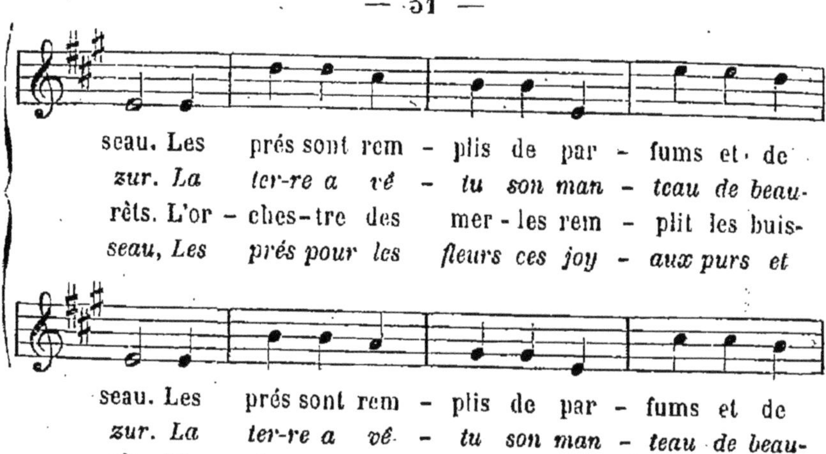

seau. Les prés sont rem - plis de par - fums et de
zur. La ter-re a vê - tu son man - teau de beau-
rêts. L'or - ches-tre des mer - les rem - plit les buis-
seau, Les prés pour les fleurs ces joy - aux purs et

seau. Les prés sont rem - plis de par - fums et de
zur. La ter-re a vê - tu son man - teau de beau-
rêts. L'or - ches-tre des mer - les rem - plit les buis-
seau, Les prés pour les fleurs ces joy - aux purs et

fleurs, Et juin les é - mail - le de mil - le cou - leurs.
té. Par - tout on ne voit que splen - deurs et clar - té.
sons; Par - tout on n'en - tend que mu - si-que et chan - sons.
doux, Les champs pour les fruits, et le mon - de pour nous.

fleurs, Et juin les é - mail - le de mil - le cou - leurs.
té. Par - tout on ne voit que splen - deurs et clar - té.
sons; Par - tout on n'en - tend que mu - si-que et chan - sons.
doux, Les champs pour les fruits, et le mon - de pour nous.

No 18.

LE DÉSIR

DE VOIR LA MAISON PATERNELLE.

—

♩ = 92.

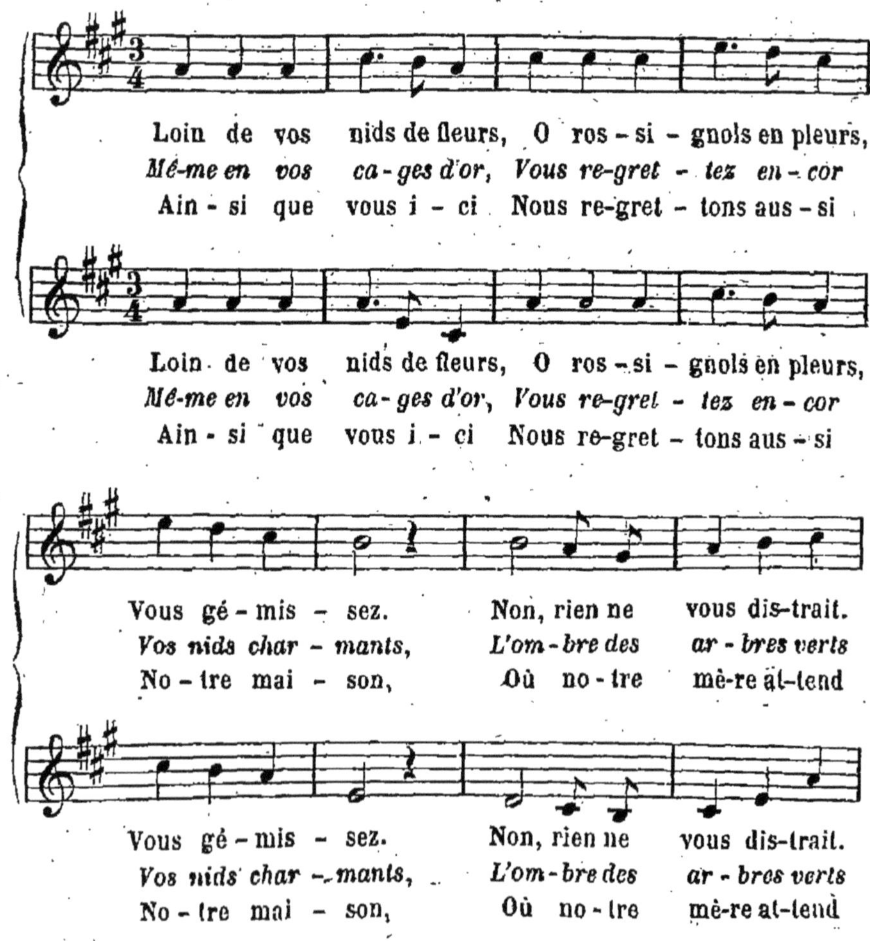

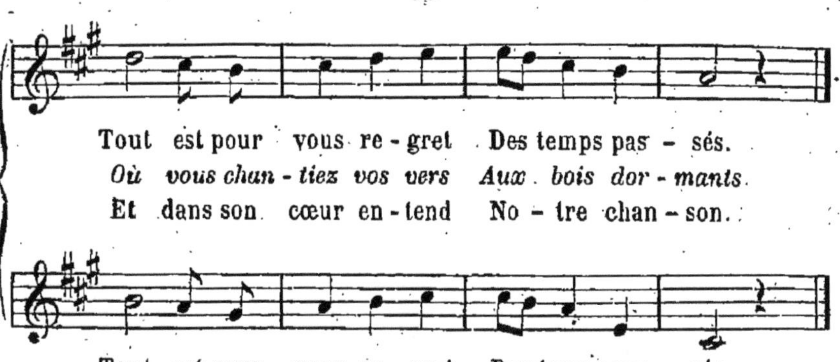

Tout est pour vous re - gret Des temps pas - sés.
Où vous chan - tiez vos vers Aux bois dor - mants.
Et dans son cœur en - tend No - tre chan - son.

N° 19.

LE DÉPART DES HIRONDELLES.

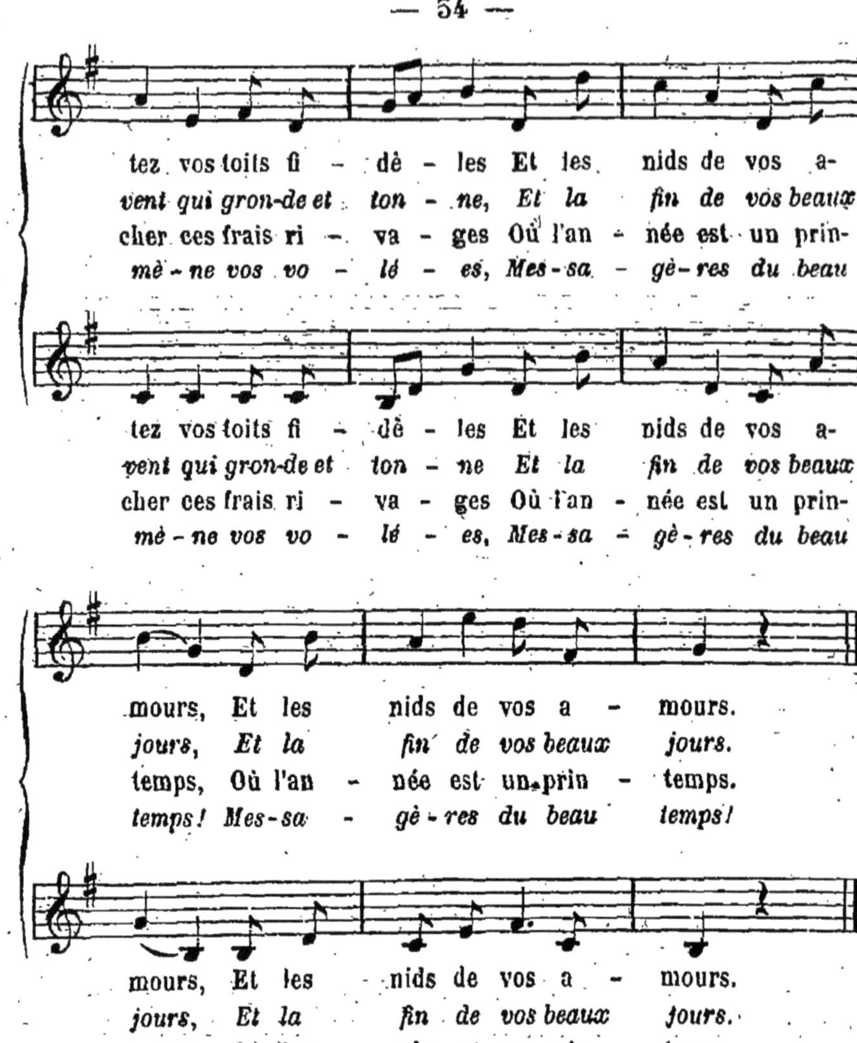
tez vos toits fi - dè - les Et les nids de vos a-
vent qui gron-de et ton - ne, Et la fin de vos beaux
cher ces frais ri - va - ges Où l'an - née est un prin-
mè - ne vos vo - lé - es, Mes-sa - gè-res du beau
tez vos toits fi - dè - les Et les nids de vos a-
vent qui gron-de et ton - ne Et la fin de vos beaux
cher ces frais ri - va - ges Où l'an - née est un prin-
mè - ne vos vo - lé - es, Mes-sa - gè-res du beau
mours, Et les nids de vos a - mours.
jours, Et la fin de vos beaux jours.
temps, Où l'an - née est un prin - temps.
temps! Mes-sa - gè-res du beau temps!
mours, Et les nids de vos a - mours.
jours, Et la fin de vos beaux jours.
temps, Où l'an - née est un prin - temps.
temps! Mes-sa - gè-res du beau temps!

N° 20.

PRIÈRE DU MATIN.

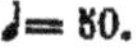

Vois, nous of - frons, Sei-gneur, No-tre â-me et no-tre cœur
Pour toi rien n'est cou-vert. Lis dans le li-vre ou-vert
Heu - reux ce - lui qui croit! Heu-reux qui mar-che droit

Vois, nous of - frons, Sei-gneur, No-tre â-me et no-tre cœur
Pour toi rien n'est cou-vert. Lis dans le li-vre ou-vert
Heu - reux ce - lui qui croit! Heu-reux qui mar-che droit

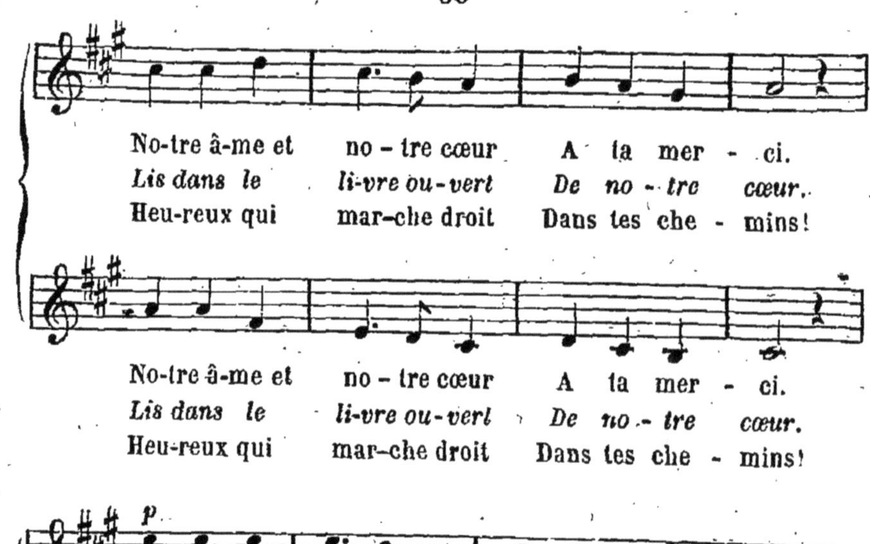
No-tre â-me et no – tre cœur A ta mer - ci.
Lis dans le li-vre ou-vert De no - tre cœur.
Heu-reux qui mar-che droit Dans tes che - mins!
No-tre â-me et no – tre cœur A ta mer - ci.
Lis dans le li-vre ou-vert De no - tre cœur.
Heu-reux qui mar-che droit Dans tes che - mins!

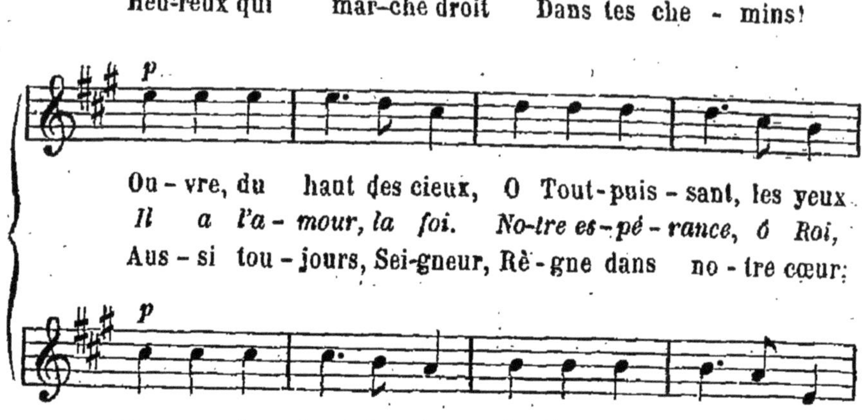
p
Ou – vre, du haut des cieux, O Tout-puis - sant, les yeux
Il a l'a – mour, la foi. No-tre es-pé - rance, ô Roi,
Aus – si tou – jours, Sei-gneur, Rè - gne dans no - tre cœur;
p
Ou – vre, du haut des cieux, O Tout-puis - sant, les yeux
Il a l'a – mour, la foi. No-tre es-pé - rance, ô Roi,
Aus – si tou – jours, Sei-gneur, Rè - gne dans no - tre cœur;

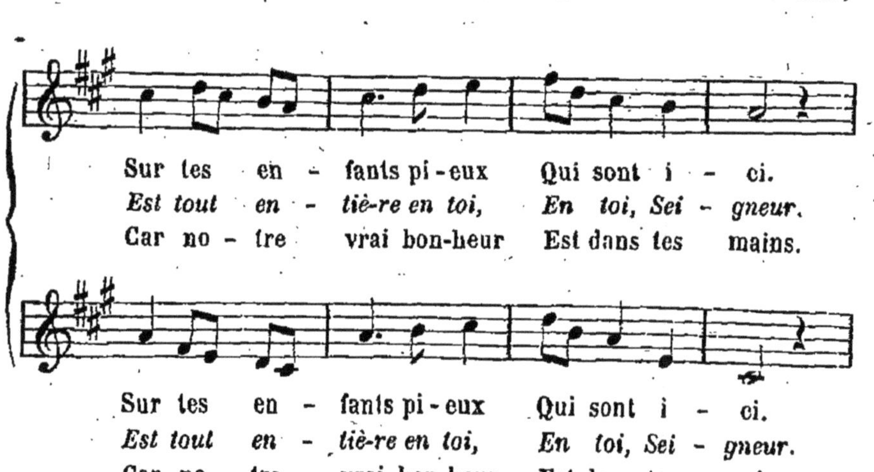
Sur tes en - fants pi - eux Qui sont i - ci.
Est tout en - tiè-re en toi, En toi, Sei - gneur.
Car no – tre vrai bon-heur Est dans tes mains.
Sur tes en - fants pi - eux Qui sont i - ci.
Est tout en - tiè-re en toi, En toi, Sei - gneur.
Car no – tre vrai bon-heur Est dans tes mains.

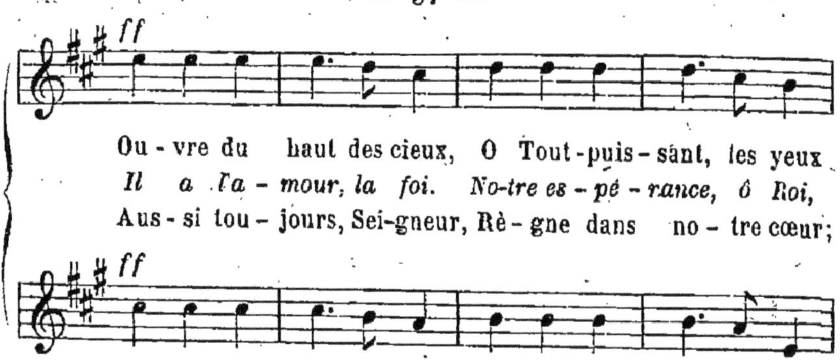
ff
Ou - vre du haut des cieux, O Tout-puis-sant, les yeux
Il a l'a - mour, la foi. No-tre es - pé - rance, ô Roi,
Aus - si tou - jours, Sei-gneur, Rè - gne dans no - tre cœur;
ff
Ou - vre du haut des cieux, O Tout-puis-sant, les yeux
Il a l'a - mour, la foi. No-tre es - pé - rance, ô Roi,
Aus - si tou - jours, Sei-gneur, Rè - gne dans no - tre cœur;

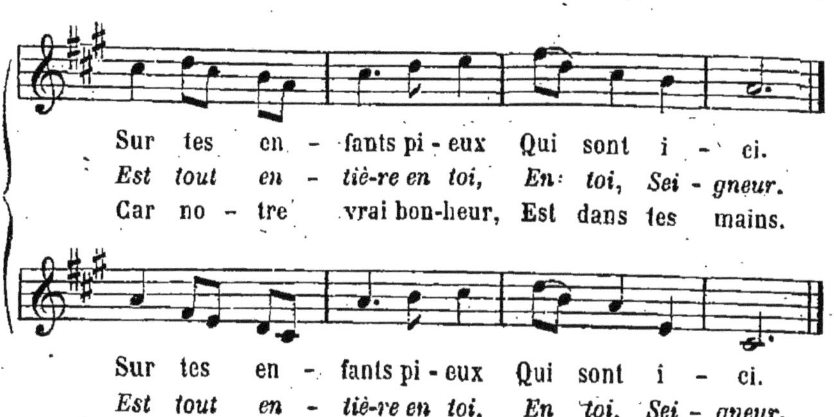
Sur tes en - fants pi - eux Qui sont i - ci.
Est tout en - tiè-re en toi, En toi, Sei - gneur.
Car no - tre vrai bon-heur, Est dans tes mains.
Sur tes en - fants pi - eux Qui sont i - ci.
Est tout en - tiè-re en toi, En toi, Sei - gneur.
Car no - tre vrai bon-heur, Est dans tes mains.

N° 21.

ADIEU A LA MAISON PATERNELLE.

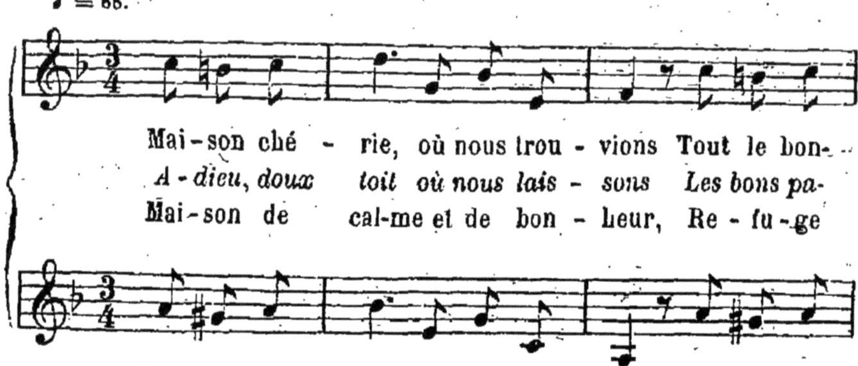

Mai - son ché - rie, où nous trou - vions Tout le bon-
A - dieu, doux toit où nous lais - sons Les bons pa-
Mai - son de cal-me et de bon - heur, Re - fu - ge

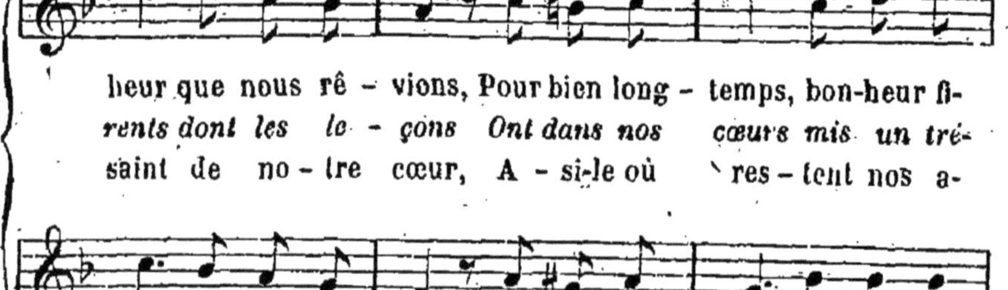

heur que nous rê - vions, Pour bien long - temps, bon-heur fi-
rents dont les le - çons Ont dans nos cœurs mis un tré-
saint de no - tre cœur, A - si-le où res - tent nos a-

N° 22.

L'OISEAU CHANTE, L'OISEAU VOLE.

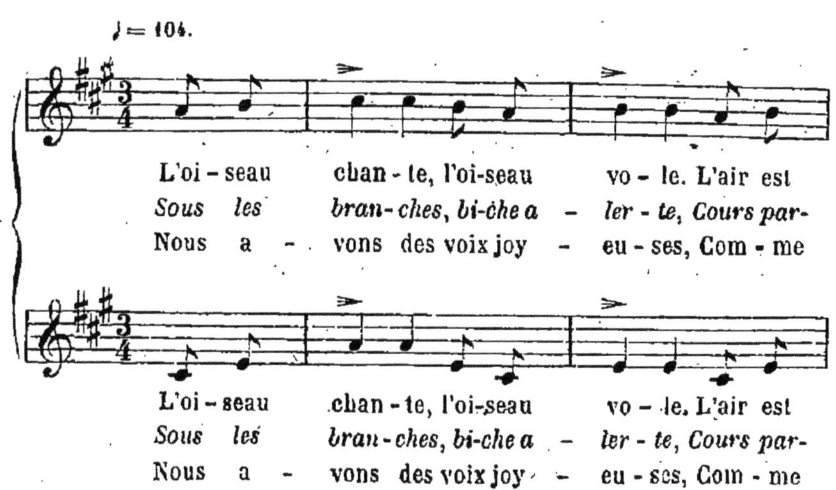

plein dè cris joy - eux. De son ai - le vi-ve et
mi les verts buis - sons. O ruis - seau, dans l'her-be
vous, joy-eux chan - teurs. Et nos mar-ches ma-ti-
plein de cris joy - eux. De son ai - le vi-ve et
mi les verts buis - sons. O ruis - seau, dans l'her-be
vous, joy-eux chan - teurs. Et nos mar-ches ma-ti-
fol-le L'a-lou - et - te qui gri - sol-le, L'a-lou-
ver-te, De ra - meaux en fleur cou - ver-te, Joue et
neu-ses, Com-me vous, sour-ces cou - reu-ses, Vont er-
fol-le L'a-lou - et - te qui gri - sol-le, L'a-lou-
ver-te, De ra - meaux en fleur cou - ver-te, Joue et
neu-ses, Com-me vous, sour-ces cou - reu-ses, Vont er-
et - te mon-te aux cieux.
va rou-lant tes flots.
rant par-mi les fleurs.
et - te mon-te aux cieux.
va rou-lant tes flots.
rant par-mi les fleurs.

N° 23.

L'ALOUETTE.

ai - le dans les cieux. Voi - ci que l'au - be rit et
ai - le dans les cieux. Au pre-mier souf - fle de la
ai - le dans les cieux. Mon a - lou - et - te si gen-

fi - le Ses ray - ons d'or à son fu - seau. Ou-vre, en chan-
bri - se, A-vant-cour - riè - re du so - leil, N'est-ce pas
til - le, Tou-jours fo - lâ - tre, va se - mant Aux champs d'a-

fi - le Ses ray - ons d'or à son fu - seau. Ou-vre, en chan-
bri - se, A-vant-cour - riè - re du so - leil, N'est-ce pas
til - le, Tou-jours fo - lâ - tre, va se - mant Aux champs d'a-

tant, ton ai-le a - gi - le, Gen - til, gen - til pe - tit oi - seau.
toi, chan-teu-se gri - se, Toi qui nous ti - res du som - meil?
zur de l'air qui bril - le Ton chant si doux et si char - mant.

tant, ton ai-le a - gi - le, Gen - til, gen - til pe - tit oi - seau.
toi, chan-teu-se gri - se, Toi qui nous ti - res du som - meil?
zur de l'air qui bril - le Ton chant si doux et si char - mant.

N° 24.

LES TILLEULS.

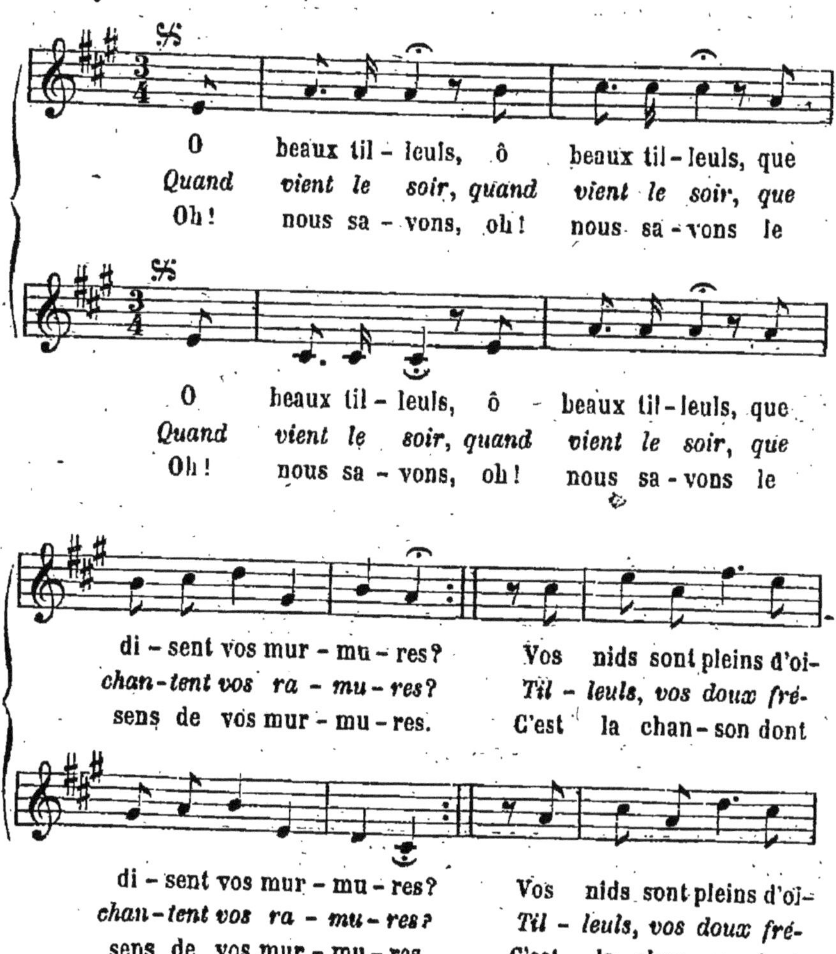

seaux chan-teurs, Et vos ra-meaux, cou-verts de fleurs.
mis - se-ments Rem - plis-sent l'air de bruits char-mants.
vous ber - cez Les nids sur vos ra - meaux pla - cés.

seaux chan-teurs, Et vos ra-meaux, cou-verts de fleurs.
mis - se-ments Rem - plis-sent l'air de bruits char-mants.
vous ber - cez Les nids sur vos ra - meaux pla - cés.

N° 25.

CHANTONS, MES FRÈRES.

♩= 92.

Chan-tons, mes frè - res, la vie en - co - re Pour nous est
L'oi - seau qui chan - te par-mi les bran-ches N'est pas sans

Chan-tons, mes frè - res, la vie en - co - re Pour nous est
L'oi - seau qui chan - te par-mi les bran-ches N'est pas sans

plei-ne de jours char-mants. Plus tard peut - ê-tre vien-dront é-
dou-te si gai que nous, Ni les co - lom-bes aux plu-mes

plei-ne de jours char-mants. Plus tard peut - ê-tre vien-dront é-
dou-te si gai que nous, Ni les co - lom-bes aux plu-mes

clo-re As-sez de pei-nes et de tour-ments. Sou-cis mo-
blan-ches Qui nous re-gar-dent d'un air ja - loux. Sou-cis mo-

clo-re As-sez de pei-nes et de tour-ments. Sou-cis mo-
blan-ches Qui nous re-gar-dent d'un air ja - loux. Sou-cis mo-

ro-ses ni noirs cha-grins Ne cou-vrent d'om-bre nos jours se-
ro-ses ni noirs cha-grins Ne cou-vrent d'om-bre nos jours se-

ro-ses ni noirs cha-grins Ne cou-vrent d'om-bre nos jours se-
ro-ses ni noirs cha-grins Ne cou-vrent d'om-bre nos jours se-

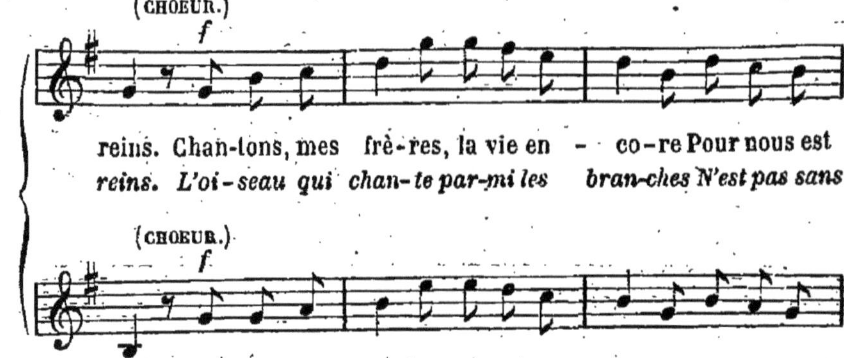
(CHOEUR.)
f
reins. Chan-tons, mes frè-res, la vie en - co-re Pour nous est
reins. L'oi-seau qui chan-te par-mi les bran-ches N'est pas sans
(CHOEUR.)
f
reins. Chan-tons, mes frè-res, la vie en - co-re Pour nous est
reins. L'oi-seau qui chan-te par-mi les bran-ches N'est pas sans

plei-ne de jours char - mants.
dou-te si gai que nous.
plei-ne de jours char - mants.
dou-te si gai que nous.

No 26.

L'HYMNE DES ENFANTS.

toi-les ar-gen-té-es Dieu lui seul les a comp-té-es.
main ne les dé-nom-bre: Dieu lui seul en sait le nom-bre.
toi, Sei-gneur, en som-me Que vaut donc l'or-gueil de l'hom-me?

toi-les ar-gen-té-es Dieu lui seul les a comp-té-es.
main ne les dé-nom-bre; Dieu lui seul en sait le nom-bre.
toi, Sei-gneur, en som-me Que vaut donc l'or-gueil de l'hom-me?

No 27.

LES CHANSONS.

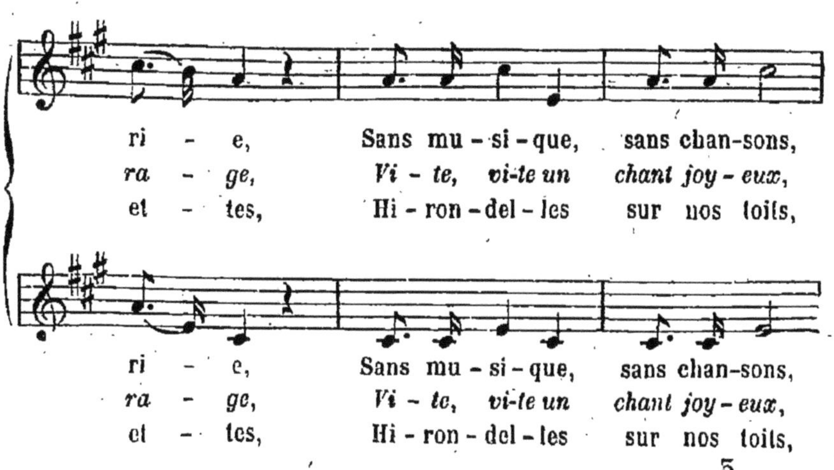

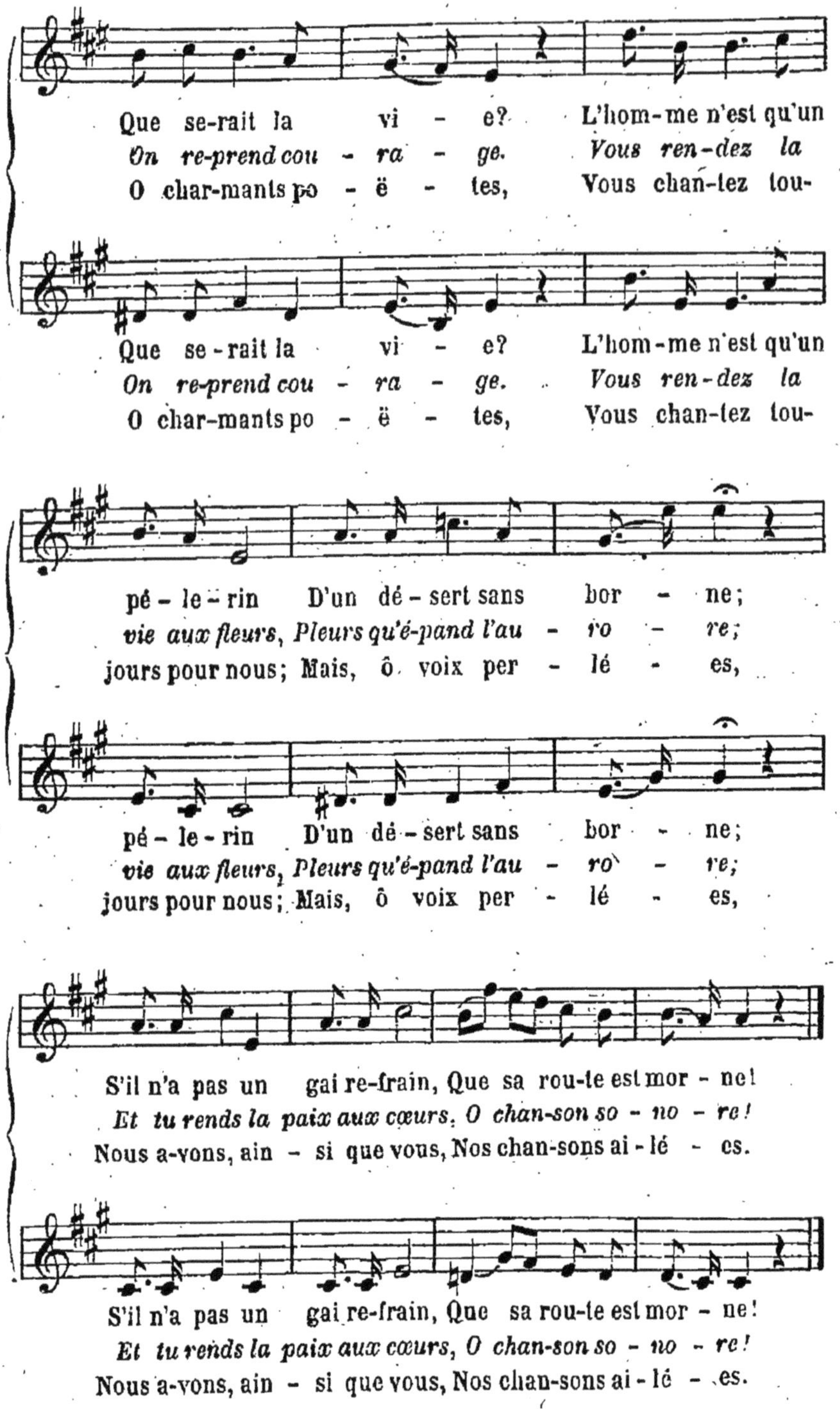

Que se-rait la vi - e? L'hom-me n'est qu'un
On re-prend cou - ra - ge. Vous ren-dez la
O char-mants po - ë - tes, Vous chan-tez tou-

Que se-rait la vi - e? L'hom-me n'est qu'un
On re-prend cou - ra - ge. Vous ren-dez la
O char-mants po - ë - tes, Vous chan-tez tou-

pé - le - rin D'un dé - sert sans bor - ne;
vie aux fleurs, Pleurs qu'é-pand l'au - ro - re;
jours pour nous; Mais, ô voix per - lé - es,

pé - le - rin D'un dé - sert sans bor - ne;
vie aux fleurs, Pleurs qu'é-pand l'au - ro - re;
jours pour nous; Mais, ô voix per - lé - es,

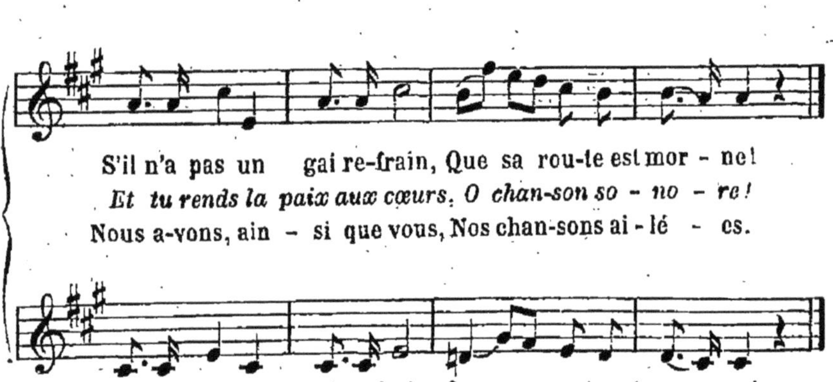

N° 28.

LES NUAGES.

♩ = 66.

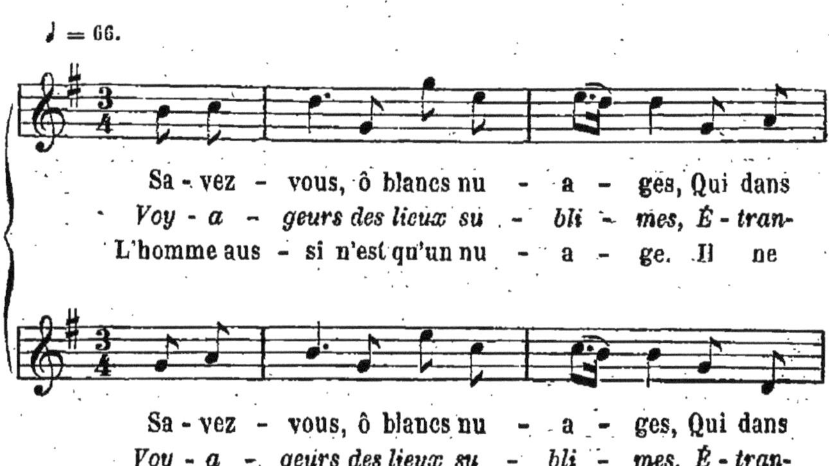

l'air tou-jours rou - lez, Le vrai but de vos voy-
gers au mon-de hu - main, Par les airs, ces grands a-
bril - le qu'un ma - tin. No - tre vie est un voy-

l'air tou-jours rou - lez, Le vrai but de vos voy-
gers au mon-de hu - main, Par les airs, ces grands a-
bril - le qu'un ma - tin. No - tre vie est un voy-

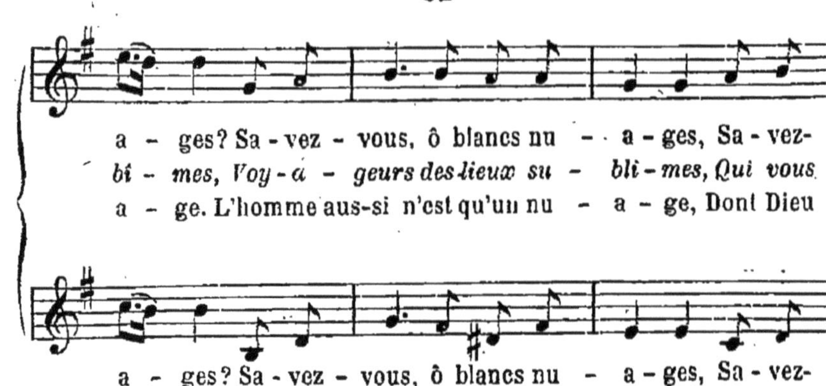
a - ges? Sa - vez - vous, ô blancs nu - - a - ges, Sa - vez-
bi - mes, Voy - a - geurs des lieux su - bli - mes, Qui vous
a - ge. L'homme aus-si n'est qu'un nu - a - ge, Dont Dieu
a - ges? Sa - vez - vous, ô blancs nu - a - ges, Sa - vez-
bi - mes, Voy - a - geurs des lieux su - bli - mes, Qui vous
a - ge. L'homme aus-si n'est qu'un nu - a - ge, Dont Dieu

vous où vous al - lez?
mon - tre le che - min?
sait le but loin - tain.
vous où vous al - lez?
mon - tre le che - min?
sait le but loin - tain.

N° 29.

L'AUTOMNE.

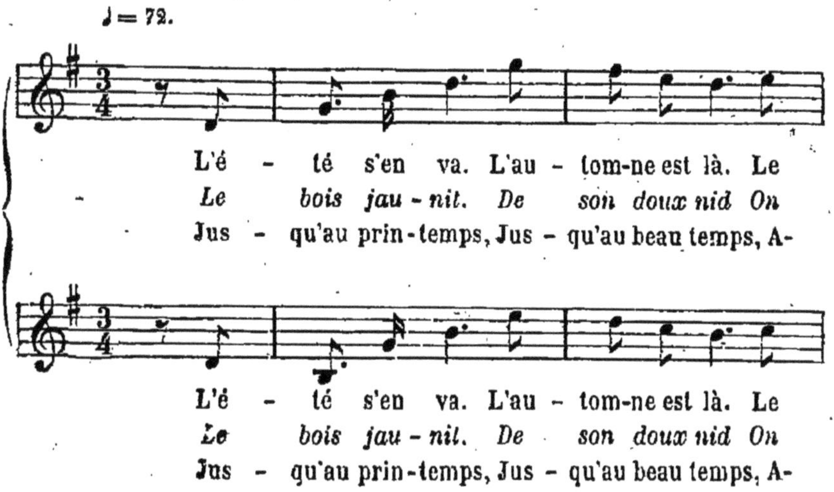

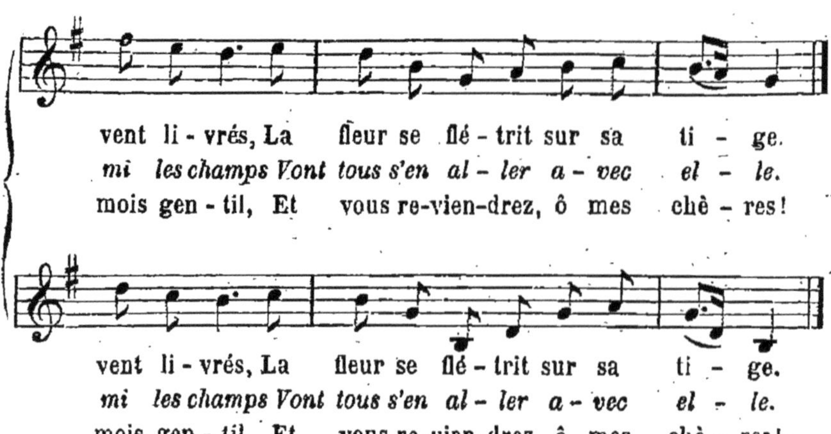

N° 50.

LES ÉTOILES.

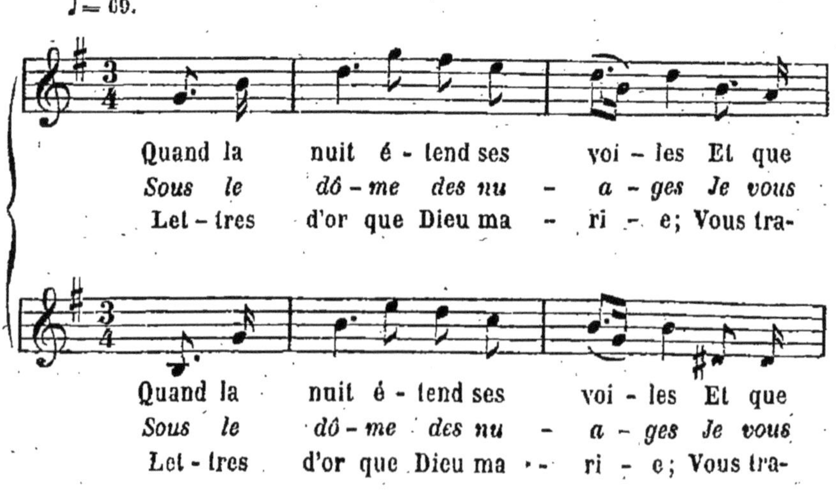

l'om-bre va ve - nir, A vous voir, ô mes é-
suis tou-jours des yeux; Je vous suis dans les voy-
cez au ciel qui luit Le doux nom de ma pa-
l'om-bre va ve - nir, A vous voir, ô mes é-
suis tou-jours des yeux; Je vous suis dans les voy-
cez au ciel qui luit Le doux nom de ma pa-
toi - les, Je me sens le cœur fré - mir.
a - ges Que vous fai-tes dans les cieux.
tri - e Sur le li-vre de la nuit.
toi - les, Je me sens le cœur fré - mir.
a - ges Que vous fai-tes dans les cieux.
tri - e Sur le li-vre de la nuit.

N° 31.

BONNE NUIT.

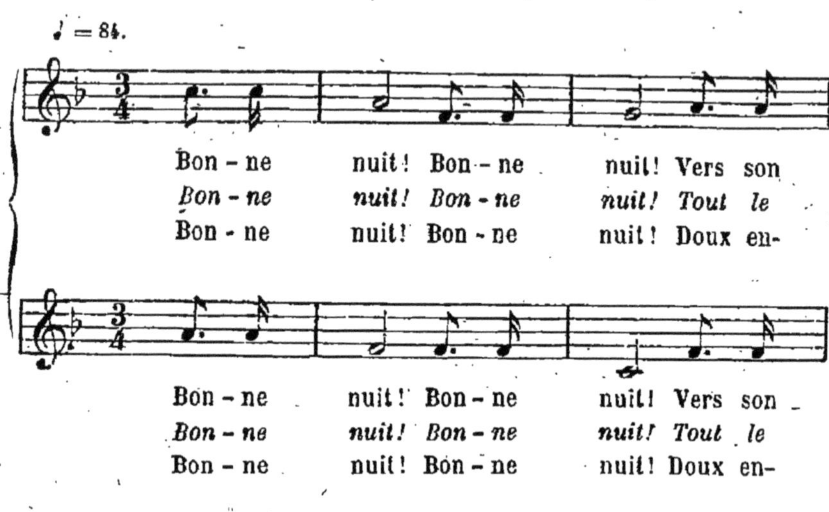

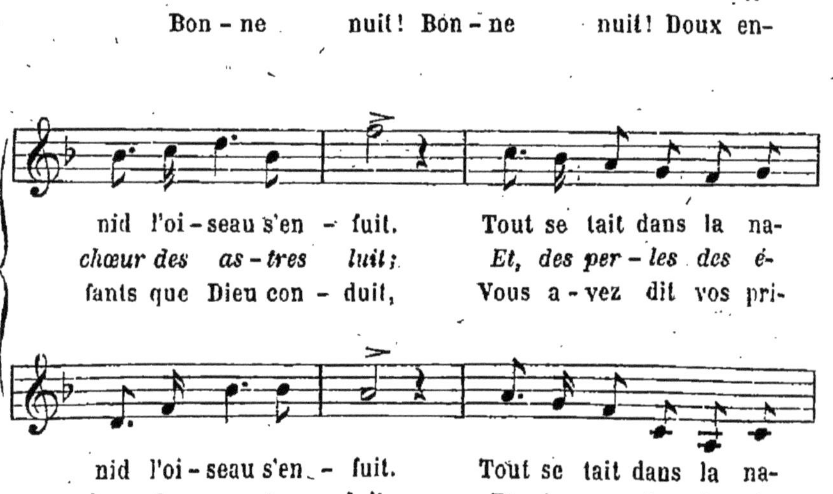

tu - re. Dans les bois l'é - cho mur - mu - re,
toi - les, L'om-bre va bro-dant ses voi - les;
è - res; Il faut clo - re vos pau - piè - res.
tu - re. Dans les bois l'é - cho mur - mu - re,
toi - les, L'om-bre va bro-dant ses voi - les;
è - res; Il faut clo - re vos pau - piè - res.
cres.
mf
Seul au fond de son ré - duit: Bon-ne
Et dans l'air s'é - teint le bruit. —
Sur vous l'œil d'un an - ge luit. —
cres.
mf
Seul au fond de son ré - duit: Bon-ne
Et dans l'air s'é - teint le bruit. —
Sur vous l'œil d'un an - ge luit. —
p
pp
nuit! Bon - ne nuit! Bon - ne nuit!
p
pp
nuit! Bon - ne nuit! Bon - ne nuit!

N° 32.

A LA PATRIE ABSENTE.

mon en - fan - ce Tou – jours ai - mé com-me au-tre-fois, Beau
l'air s'em-bau-me De vos sen-teurs, ô fleurs de miel; C'est

mon en - fan - ce Tou – jours ai - mé com-me au-tre-fois, Beau
l'air s'em-bau-me De vos sen-teurs, ô fleurs de miel; C'est

sou-ve-nir fait d'es-pé-ran-ce, Dans mon es-prit je te re – vois.
l'humble é-glise au toit de chau-me Dont le clo-cher s'ai-guise au ciel.

sou-ve-nir fait d'es-pé-ran-ce, Dans mon es-prit je te re – vois.
l'humble é-glise au toit de chau-me Dont le clo-cher s'ai-guise au ciel.

N° 53.

CHANSON DES CAVALIERS

AVANT LA BATAILLE.

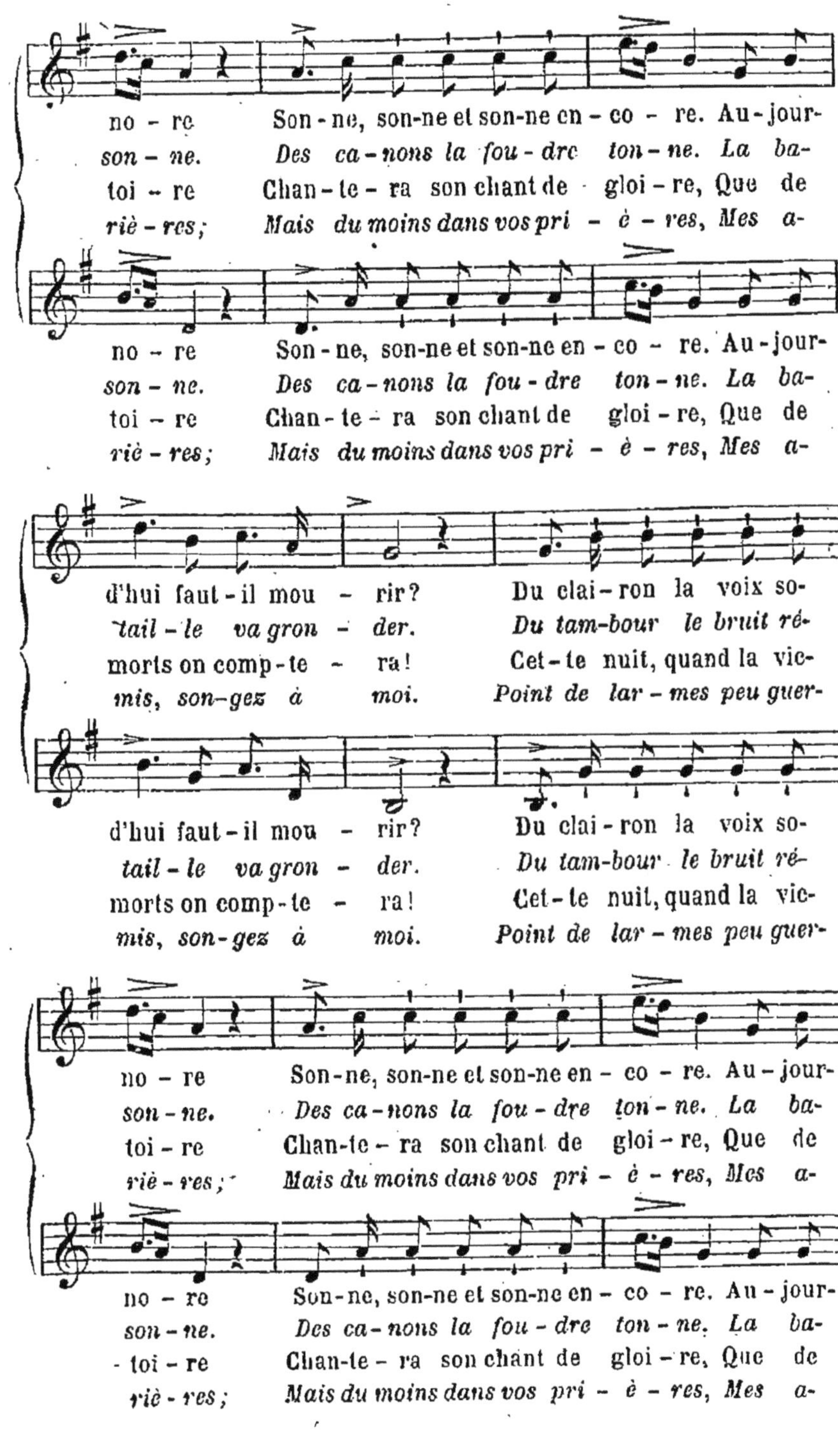
no - re Son - ne, son-ne et son-ne en - co - re. Au - jour-
son - ne. Des ca - nons la fou - dre ton - ne. La ba-
toi - re Chan - te - ra son chant de gloi - re, Que de
riè - res; Mais du moins dans vos pri - è - res, Mes a-
no - re Son - ne, son-ne et son-ne en - co - re. Au - jour-
son - ne. Des ca - nons la fou - dre ton - ne. La ba-
toi - re Chan - te - ra son chant de gloi - re, Que de
riè - res; Mais du moins dans vos pri - è - res, Mes a-
d'hui faut - il mou - rir? Du clai - ron la voix so-
tail - le va gron - der. Du tam-bour le bruit ré-
morts on comp - te - ra! Cet - te nuit, quand la vic-
mis, son-gez à moi. Point de lar - mes peu guer-
d'hui faut - il mou - rir? Du clai - ron la voix so-
tail - le va gron - der. Du tam-bour le bruit ré-
morts on comp - te - ra! Cet - te nuit, quand la vic-
mis, son-gez à moi. Point de lar - mes peu guer-
no - re Son - ne, son-ne et son-ne en - co - re. Au - jour-
son - ne. Des ca - nons la fou - dre ton - ne. La ba-
toi - re Chan-te - ra son chant de gloi - re, Que de
riè - res; Mais du moins dans vos pri - è - res, Mes a-
no - re Son - ne, son-ne et son-ne en - co - re. Au - jour-
son - ne. Des ca - nons la fou - dre ton - ne. La ba-
toi - re Chan-te - ra son chant de gloi - re, Que de
riè - res; Mais du moins dans vos pri - è - res, Mes a-

No 34.

LE COUCHER DU SOLEIL.

lir à voir, As - tre fait de flam-
lac de feu. Puis la clo - che son-
teint et fuit Sous le voi - le d'om-
frais zé - phyr; Dans leurs nids de mous-
lir à voir, à voir, As - tre fait de flam-
lac de feu, de feu. Puis la clo - che son-
teint et fuit, et fuit Sous le voi - le d'om-
frais zé - phyr, zé - phyr, Dans leurs nids de mous-

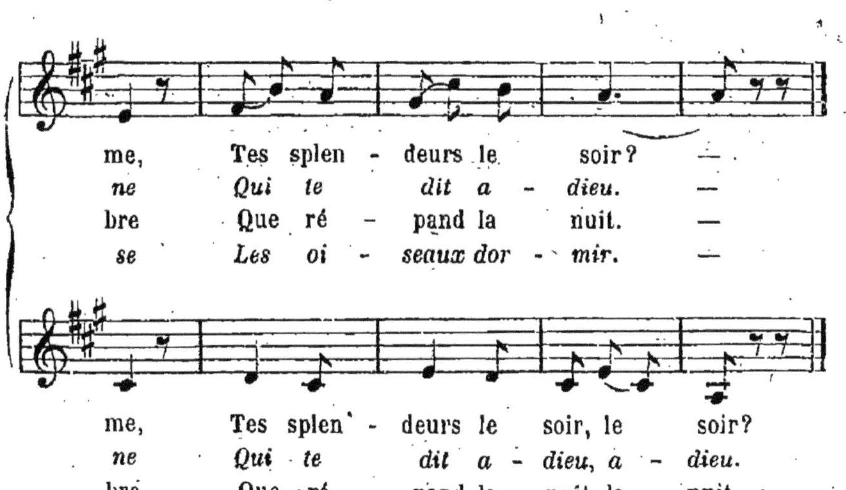
me, Tes splen - deurs le soir? —
ne Qui te dit a - dieu. —
bre Que ré - pand la nuit. —
se Les oi - seaux dor - mir. —
me, Tes splen - deurs le soir, le soir?
ne Qui te dit a - dieu, a - dieu.
bre Que ré - pand la nuit, la nuit.
se Les oi - seaux dor - mir, dor - mir.

N° 35.

LA SOURCE.

Sour-ce dont l'eau va tou - jours mur-mu - rant!
Pen-chent leur front é-toi - lé pour s'y voir.
Trou-vent dans nous ton mi - roir gra-ci - eux.

No 36.

UN TRA LA LA.

—

= 144.

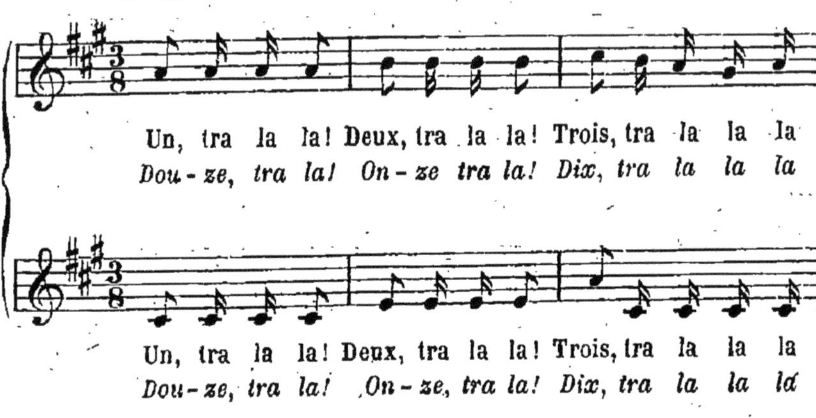

Six, tra la la la la! Sept, tra la la!
Sept, tra la la la la! Six, tra la la!
Six, tra la la la la! Sept, tra la la!
Sept, tra la la la la! Six, tra la la!

Huit, tra la la! Neuf, tra la la la la la la la la!
Cinq, tra la la! Qua-tre, la la la la la la la la!

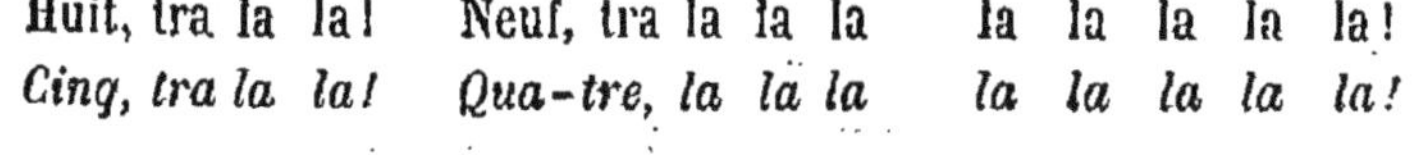
Huit, tra la la! Neuf, tra la la la la la la la la!
Cinq, tra la la! Qua-tre, la la la la la la la la!

Dix, tra la la! On-ze, tra la! Dou-ze, tra la la la!
Trois, tra la la! Deux, tra la la! Un, tra la la la la!
Dix, tra la la! On-ze, tra la! Dou-ze, tra la la la!
Trois, tra la la! Deux, tra la la! Un, tra la la la la!

N° 37.

LE SON DU COR.

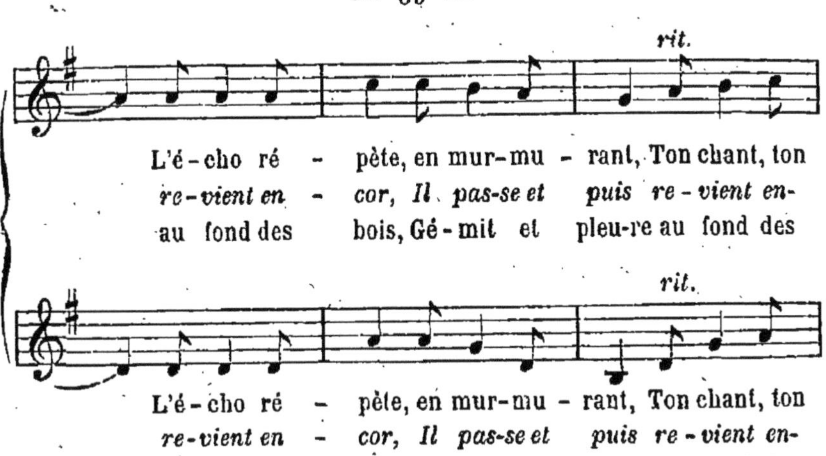
rit.
L'é-cho ré - pète, en mur-mu - rant, Ton chant, ton
re-vient en - cor, Il pas-se et puis re-vient en-
au fond des bois, Gé-mit et pleu-re au fond des
rit.
L'é-cho ré - pète, en mur-mu - rant, Ton chant, ton
re-vient en - cor, Il pas-se et puis re-vient en-
au fond des bois, Gé-mit et pleu-re au fond des

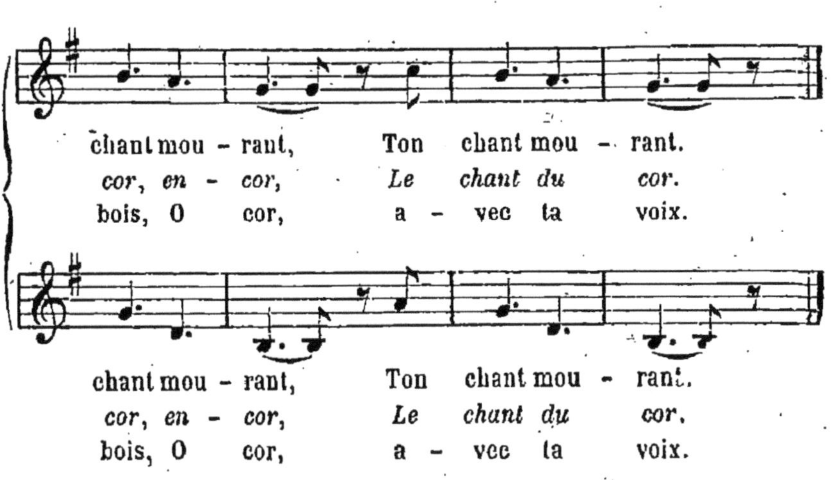
chant mou - rant, Ton chant mou - rant.
cor, en - cor, Le chant du cor.
bois, O cor, a - vec ta voix.
chant mou - rant, Ton chant mou - rant.
cor, en - cor, Le chant du cor.
bois, O cor, a - vec ta voix.

N° 38.

LA FIN DU JOUR.

fuit. Dans l'ombre en si - len - ce L'oi-seau se ba - lan - ce Au
bois; Et tout se re-cueil - le, L'é-cho sous la feuil - le, Les
bruit; Et dans la ra - mu - re Le vent qui mur-mu - re Tout
paix. A - près nos pri - è - res Fer-mons nos pau-piè-res; Car

fuit. Dans l'ombre en si - len - ce L'oi-seau se ba - lan - ce Au
bois; Et tout se re-cueil - le, L'é-cho sous la feuil - le, Les
bruit; Et dans la ra - mu - re Le vent qui mur-mu - re Tout
paix. A - près nos pri - è - res Fer-mons nos pau-piè-res; Car

bord de son doux nid Que le bon Dieu bé - nit.
fleurs et les buis - sons Où ces - sent les chan - sons.
bas va sou - pi - rant L'a - dieu du jour mou - rant.
Dieu veil-le sur nous, Dieu veil - le sur nous tous.

bord de son doux nid Que le bon Dieu bé - nit.
fleurs et les buis - sons Où ces - sent les chan - sons.
bas va sou - pi - rant L'a - dieu du jour mou - rant.
Dieu veil-le sur nous. Dieu veil - le sur nous tous.

N° 39.

CLAIR DE LUNE.

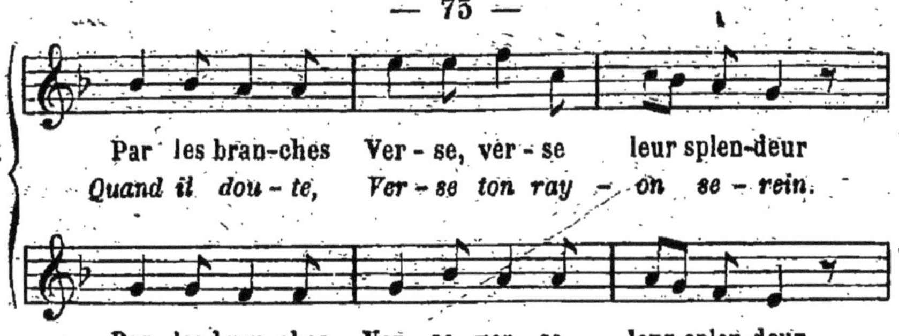
Par les bran-ches Ver-se, ver-se leur splen-deur
Quand il dou-te, Ver-se ton ray-on se-rein.
Par les bran-ches Ver-se, ver-se leur splen-deur
Quand il dou-te, Ver-se ton ray-on se-rein.

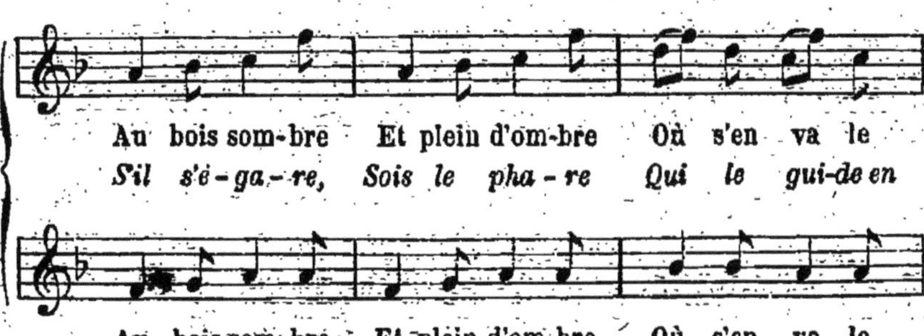
Au bois som-bre Et plein d'om-bre Où s'en va le
S'il s'é-ga-re, Sois le pha-re Qui le gui-de en
Au bois som-bre Et plein d'om-bre Où s'en va le
S'il s'é-ga-re, Sois le pha-re Qui le gui-de en

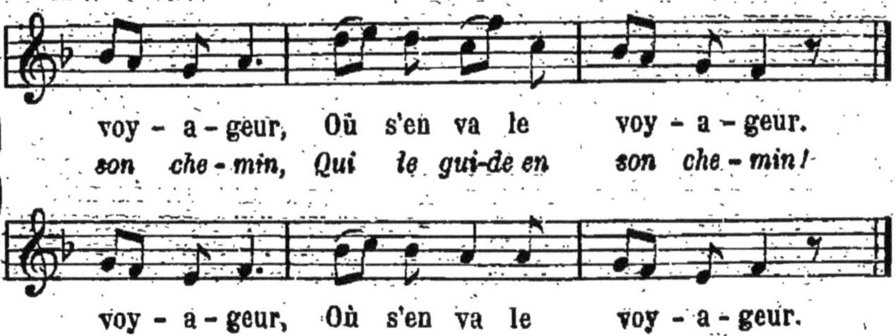
voy-a-geur, Où s'en va le voy-a-geur.
son che-min, Qui le gui-de en son che-min!
voy-a-geur, Où s'en va le voy-a-geur.
son che-min, Qui le gui-de en son che-min!

No 40

LES OISEAUX.

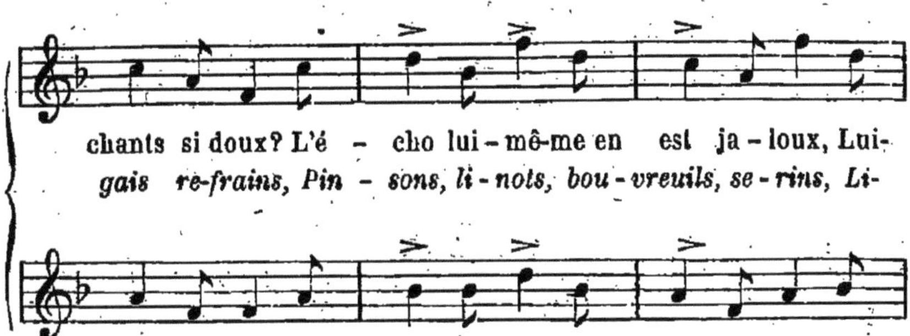
chants si doux? L'é - cho lui - mê-me en est ja - loux, Lui-
gais re-frains, Pin - sons, li - nots, bou - vreuils, se - rins, Li-
chants si doux? L'é - chò lui - mê-me en est ja - loux, Lui-
gais re-frains, Pin - sons, li - nots, bou - vreuils, se - rins, Li-

mê-me en est ja - loux.
nots, bou-vreuils, se - rins?
mê-me en est ja - loux.
nots, bou-vreuils, se - rins?

No 41.

LA VIOLETTE.

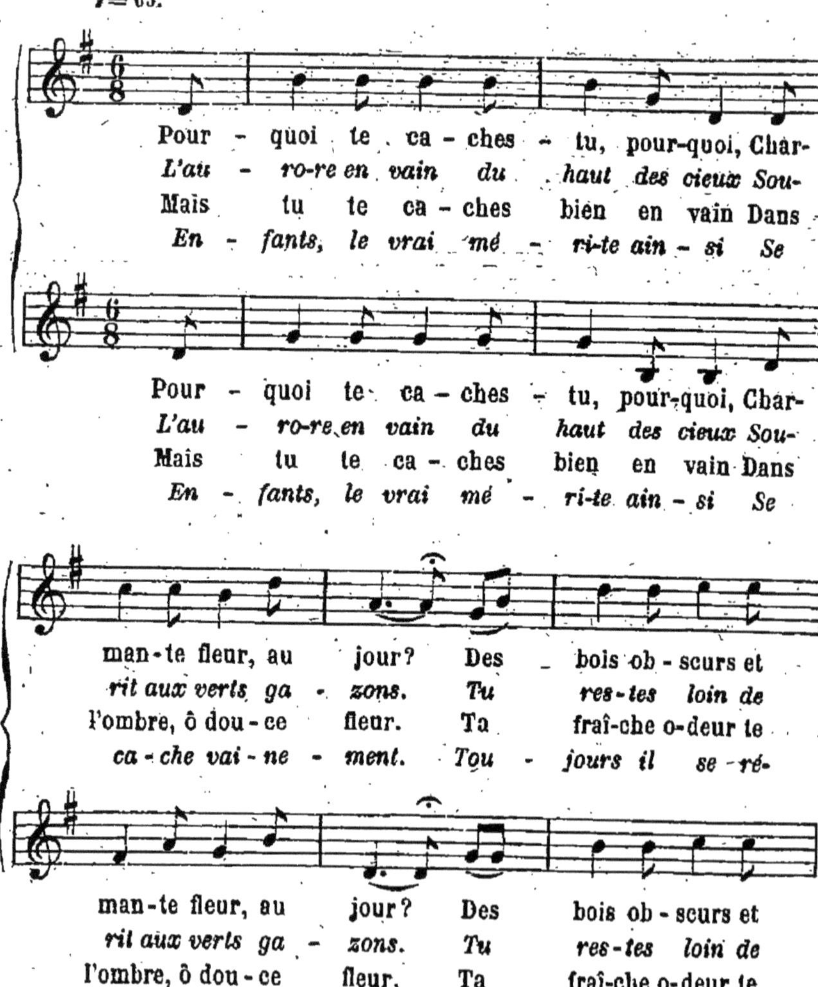

pleins d'ef-froi Tu cher-ches le sé - jour.
tous les yeux, Dans l'om-bre des buis - sons.
fait en-fin Trou-ver au voy-a - geur.
vè-le aus-si Par son par-fum char - mant.

pleins d'ef-froi Tu cher-ches le sé - jour.
tous les yeux, Dans l'om-bre des buis - sons.
fait en-fin Trou-ver au voy-a - geur.
vè-le aus-si Par son par-fum char - mant.

N° 42.

LA PATRIE.

neur! O mè-re si ché - ri - e, T'ai - mer est mon bon-heur.
té, Ter-re en ver-tus fé - con-de, Qui fais no - tre fier - té.
jours Ne font qu'u-ne fa - mil-le, O mè - re, nos a - mours!

neur! O mè-re si ché - ri - e, T'ai - mer est mon bon-heur.
té, Ter-re en ver-tus fé - con-de, Qui fais no - tre fier - té.
jours Ne font qu'u-ne fa - mil-le, O mè - re, nos a - mours!

N° 45.

L'ÉTÉ.

♩ = 80.

É - té, sai-son joy - eu-se, Sai - son des beaux so - leils, Où
A - vec ta chaude ha - lei-ne, A - vec tes chauds ray-ons Tu

É - té, sai-son joy - eu-se, Sai - son des beaux so - leils, Où
A - vec ta chaude ha - lei-ne, A - vec tes chauds ray-ons Tu

l'au - be ra - di - eu - se Nous fait des cieux ver meils; Tu
do - res, dans la plai-ne, Les blés sur leurs sil - lons. O!

l'au - be ra - di - eu - se Nous fait des cieux ver - meils; Tu
do - res, dans la plai-ne, Les blés sur leurs sil - lons. O!

don - nes la ri - ches-se Aux champs, aux prés, aux monts, Sai-
quels bou-quets su - per - bes Juin sè-me aux prés fleu - ris! Mais

don - nes la ri - ches-se Aux champs, aux prés, aux monts, Sai-
quels bou-quets su - per - bes Juin sè-me aux prés fleu - ris! Mais

son de l'al - lé - gres - se, Sai - son que nous ai - mons.
toi, juil-let, nos ger - bes C'est toi qui les mû - ris.

son de l'al - lé - gres - se, Sai - son que nous ai - mons.
toi, juil-let, nos ger - bes C'est toi qui les mû - ris.

N° 44.

LA BONTÉ DE DIEU.

♩ = 76.

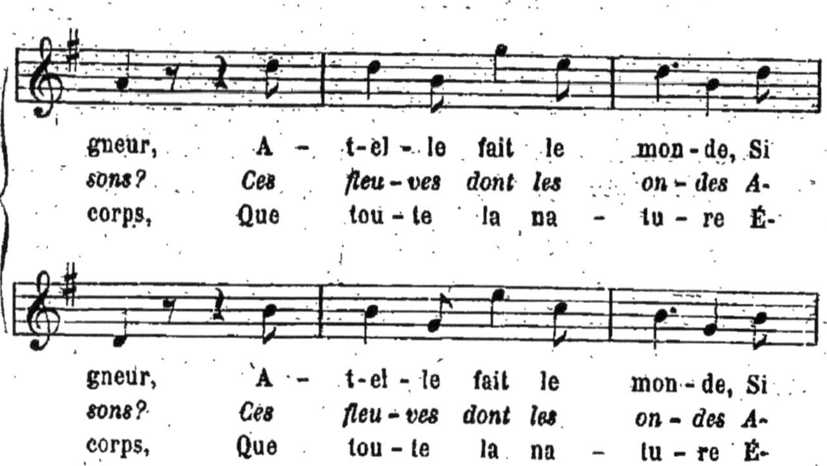

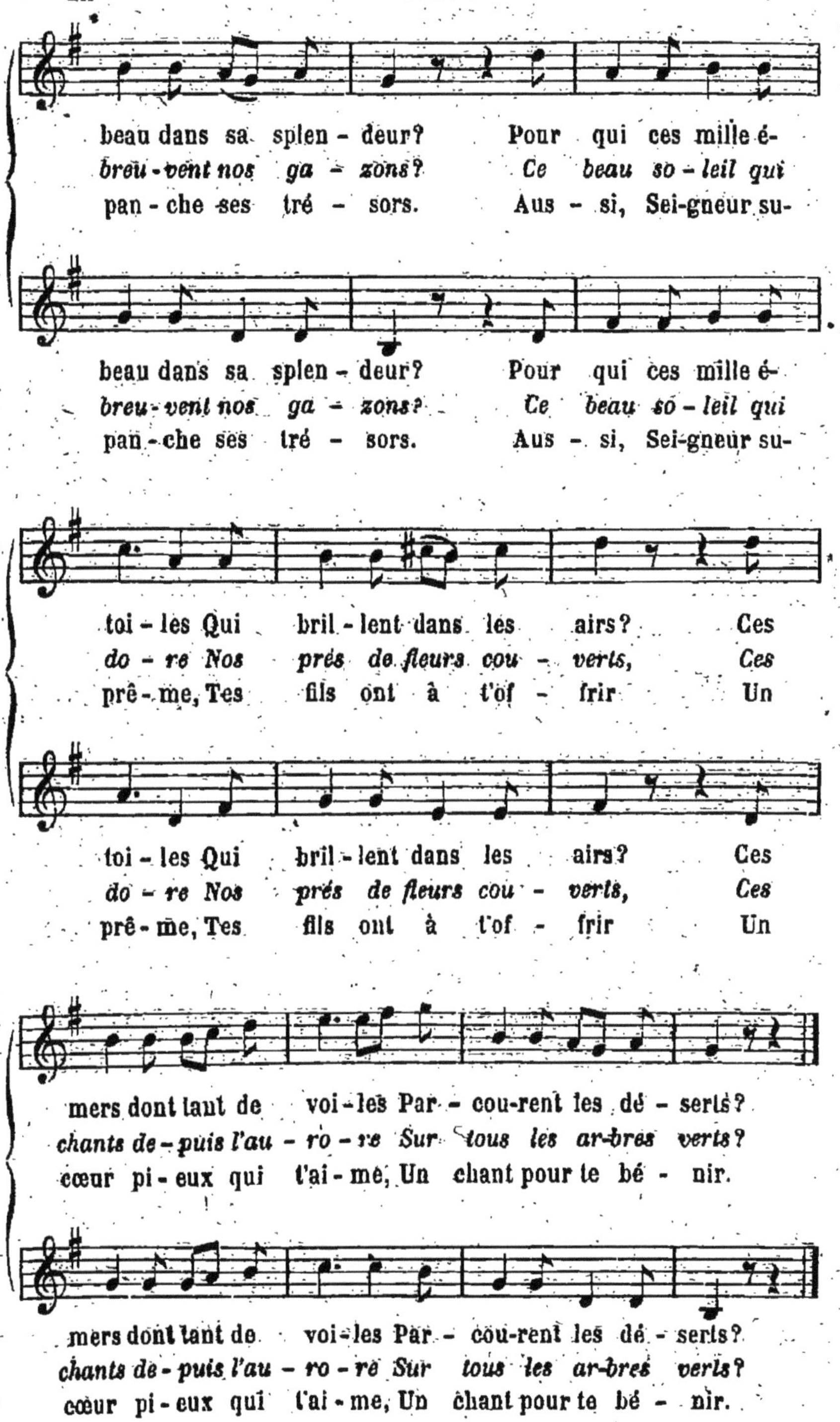

beau dans sa splen - deur? Pour qui ces mille é-
breu - vent nos ga - zons? Ce beau so - leil qui
pan - che ses tré - sors. Aus - si, Sei-gneur su-

beau dans sa splen - deur? Pour qui ces mille é-
breu - vent nos ga - zons? Ce beau so - leil qui
pan - che ses tré - sors. Aus - si, Sei-gneur su-

toi - les Qui bril - lent dans les airs? Ces
do - re Nos prés de fleurs cou - verts, Ces
prê - me, Tes fils ont à t'of - frir Un

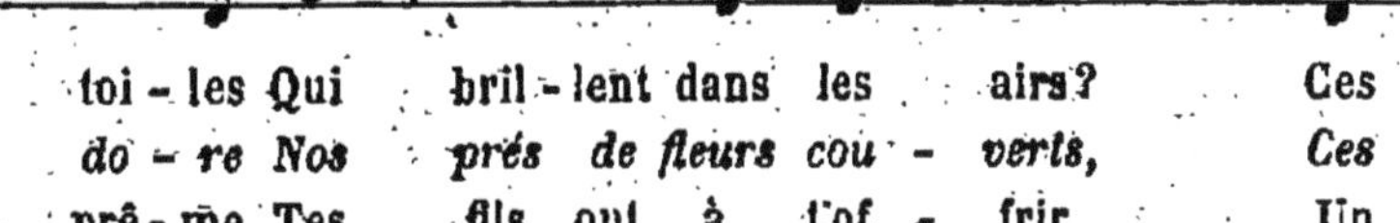

toi - les Qui bril - lent dans les airs? Ces
do - re Nos prés de fleurs cou - verts, Ces
prê - me, Tes fils ont à t'of - frir Un

mers dont tant de voi - les Par - cou-rent les dé - serts?
chants de - puis l'au - ro - re Sur tous les ar-bres verts?
cœur pi - eux qui t'ai - me, Un chant pour te bé - nir.

mers dont tant de voi - les Par - cou-rent les dé - serts?
chants de - puis l'au - ro - re Sur tous les ar-bres verts?
cœur pi - eux qui t'ai - me, Un chant pour te bé - nir.

N° 45.

LE RETOUR DES HIRONDELLES.

mil - le gais ra - ma - ges Vont sous les verts feuil-
ez les bien-ve - nu - es, Hô - tes-ses bien con-
cho des bois les ai - me, Les gais en-fants de
mil - le gais ra - ma - ges Vont sous les verts feuil-
ez les bien-ve - nu - es, Hô - tes-ses bien con-
cho des bois les ai - me, Les gais en-fants de

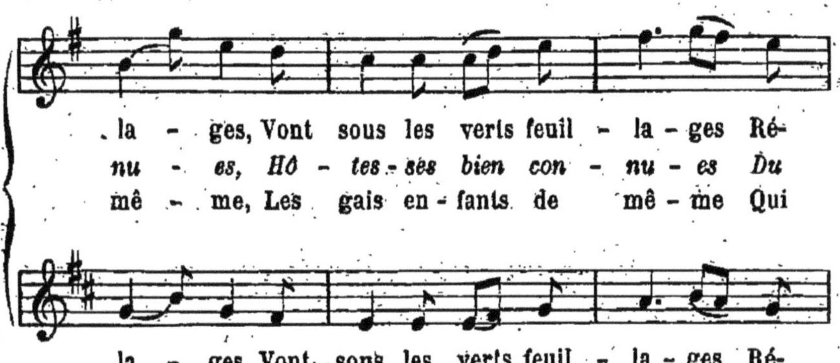
la - ges, Vont sous les verts feuil - la - ges Ré-
nu - es, Hô - tes-ses bien con - nu - es Du
mê - me, Les gais en-fants de mê - me Qui
la - ges, Vont sous les verts feuil - la - ges Ré-
nu - es, Hô - tes-ses bien con - nu - es Du
mê - me, Les gais en-fants de mê - me Qui

pon-dre à vo - tre voix : Tra la! tra la! tra
toit qui vous bé - nit. Tra la! tra la! tra
chan-tent a-vec vous : Tra la! tra la! tra
pon-dre à vo - tre voix : Tra la! tra la! tra
toit qui vous bé - nit. Tra la! tra la! tra
chan-tent a-vec vous : Tra la! tra la! tra

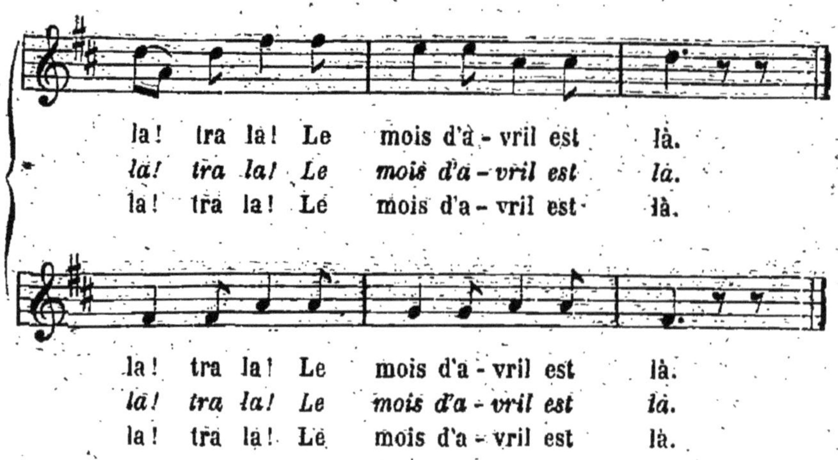

No 46.

LES PINSONS.

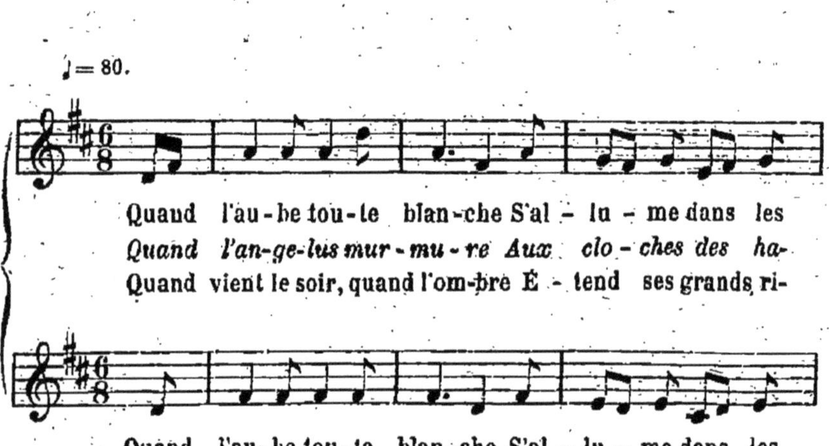

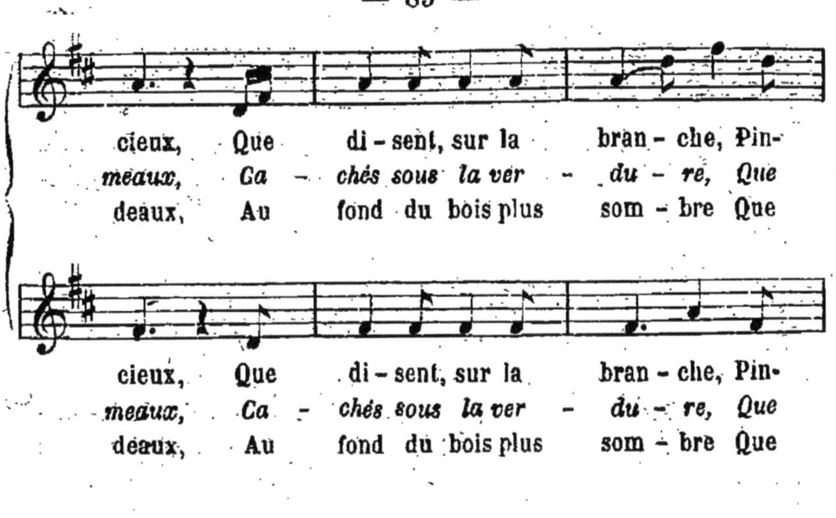
cieux, Que di - sent, sur la bran - che, Pin-
meaux, Ca - chés sous la ver - du - re, Que
deaux, Au fond du bois plus som - bre Que
cieux, Que di - sent, sur la bran - che, Pin-
meaux, Ca - chés sous la ver - du - re, Que
deaux, Au fond du bois plus som - bre Que

sons, vos chants joy - eux? « En - fants, le jour ray-
di - tes - vous, oi - seaux? « Dieu don - ne la pâ-
fai - tes - vous, oi - seaux? « Au Dieu de la lu-
sons, vos chants joy - eux? « En - fants, le jour ray-
di - tes - vous, oi - seaux? « Dieu don - ne la pâ-
fai - tes - vous, oi - seaux? « Au Dieu de la lu-

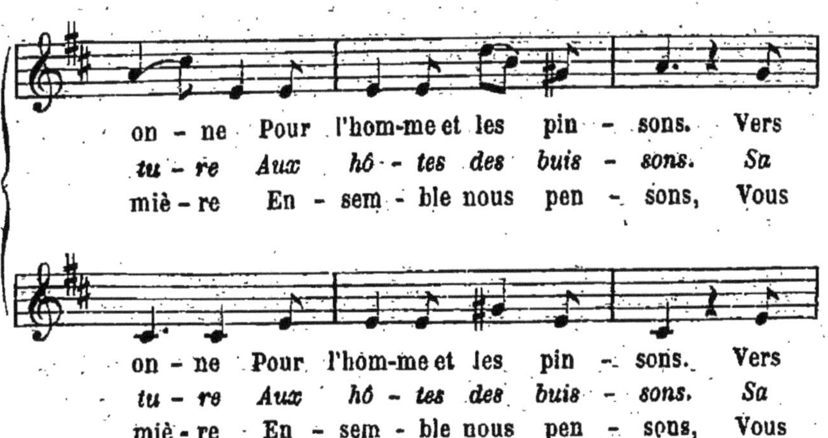
on - ne Pour l'hom-me et les pin - sons. Vers
tu - re Aux hô - tes des buis - sons. Sa
miè - re En - sem - ble nous pen - sons, Vous
on - ne Pour l'hom-me et les pin - sons. Vers
tu - re Aux hô - tes des buis - sons. Sa
miè - re En - sem - ble nous pen - sons, Vous

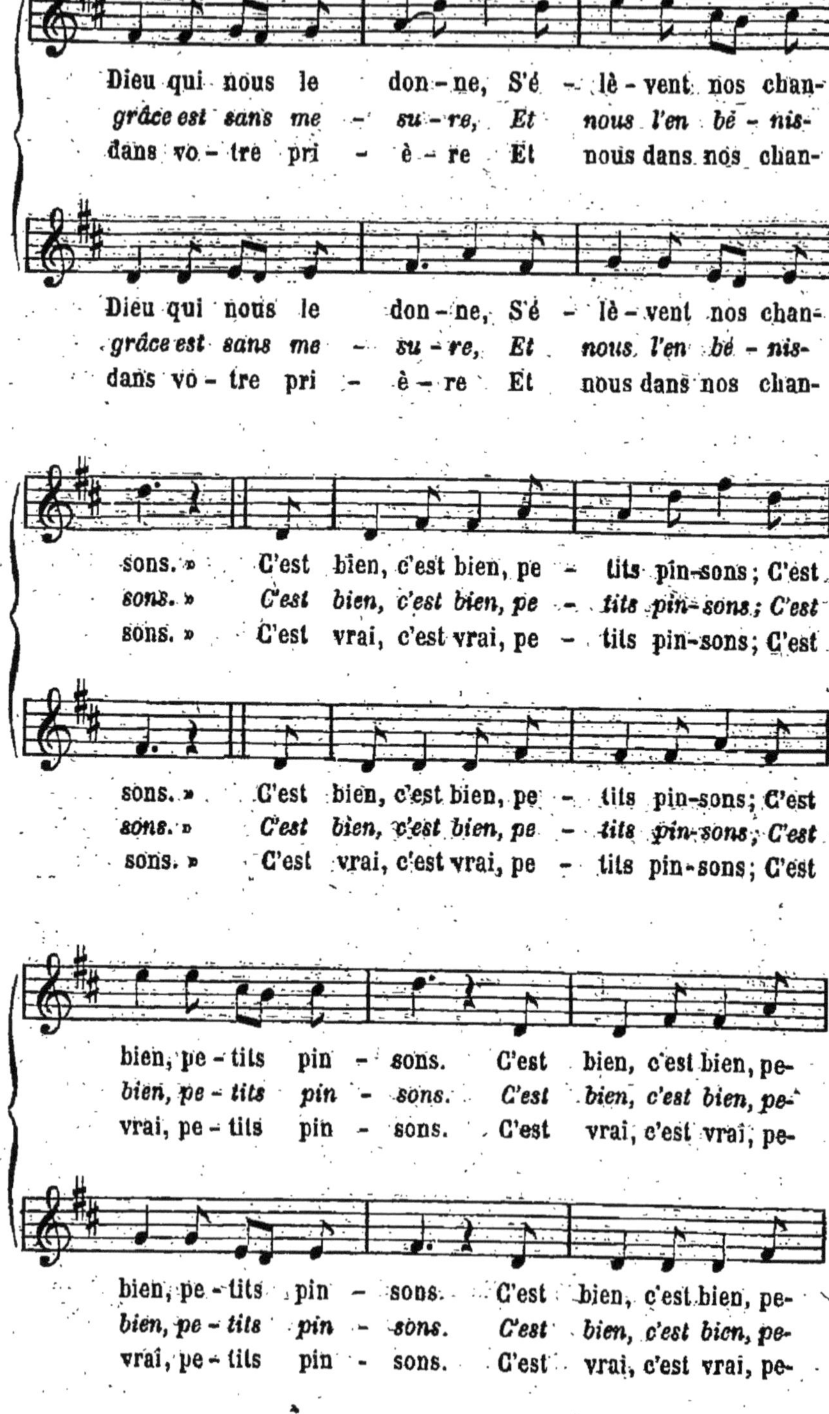
Dieu qui nous le don-ne, S'é - lè-vent nos chan-
grâce est sans me - su-re, Et nous l'en bé-nis-
dans vo-tre pri - è-re Et nous dans nos chan-
Dieu qui nous le don-ne, S'é - lè-vent nos chan-
grâce est sans me - su-re, Et nous l'en bé-nis-
dans vo-tre pri - è-re Et nous dans nos chan-
sons. » C'est bien, c'est bien, pe - tits pin-sons; C'est
sons. » C'est bien, c'est bien, pe - tits pin-sons; C'est
sons. » C'est vrai, c'est vrai, pe - tits pin-sons; C'est
sons. » C'est bien, c'est bien, pe - tits pin-sons; C'est
sons. » C'est bien, c'est bien, pe - tits pin-sons; C'est
sons. » C'est vrai, c'est vrai, pe - tits pin-sons; C'est
bien, pe-tits pin - sons. C'est bien, c'est bien, pe-
bien, pe-tits pin - sons. C'est bien, c'est bien, pe-
vrai, pe-tits pin - sons. C'est vrai, c'est vrai, pe-
bien, pe-tits pin - sons. C'est bien, c'est bien, pe-
bien, pe-tits pin - sons. C'est bien, c'est bien, pe-
vrai, pe-tits pin - sons. C'est vrai, c'est vrai, pe-

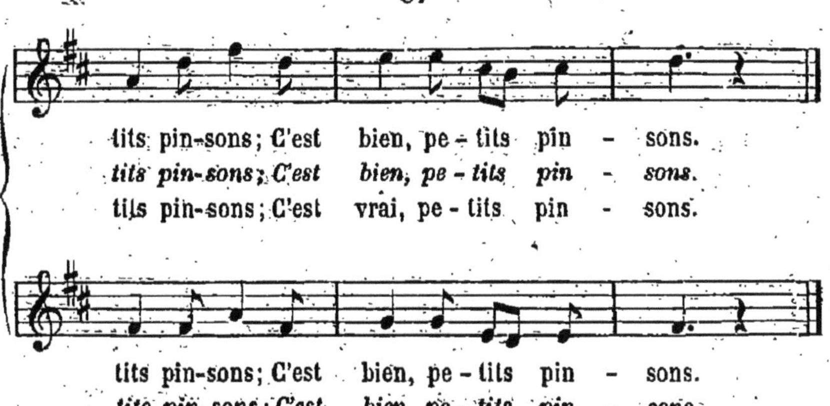

N° 47.

DANS LES BOIS.

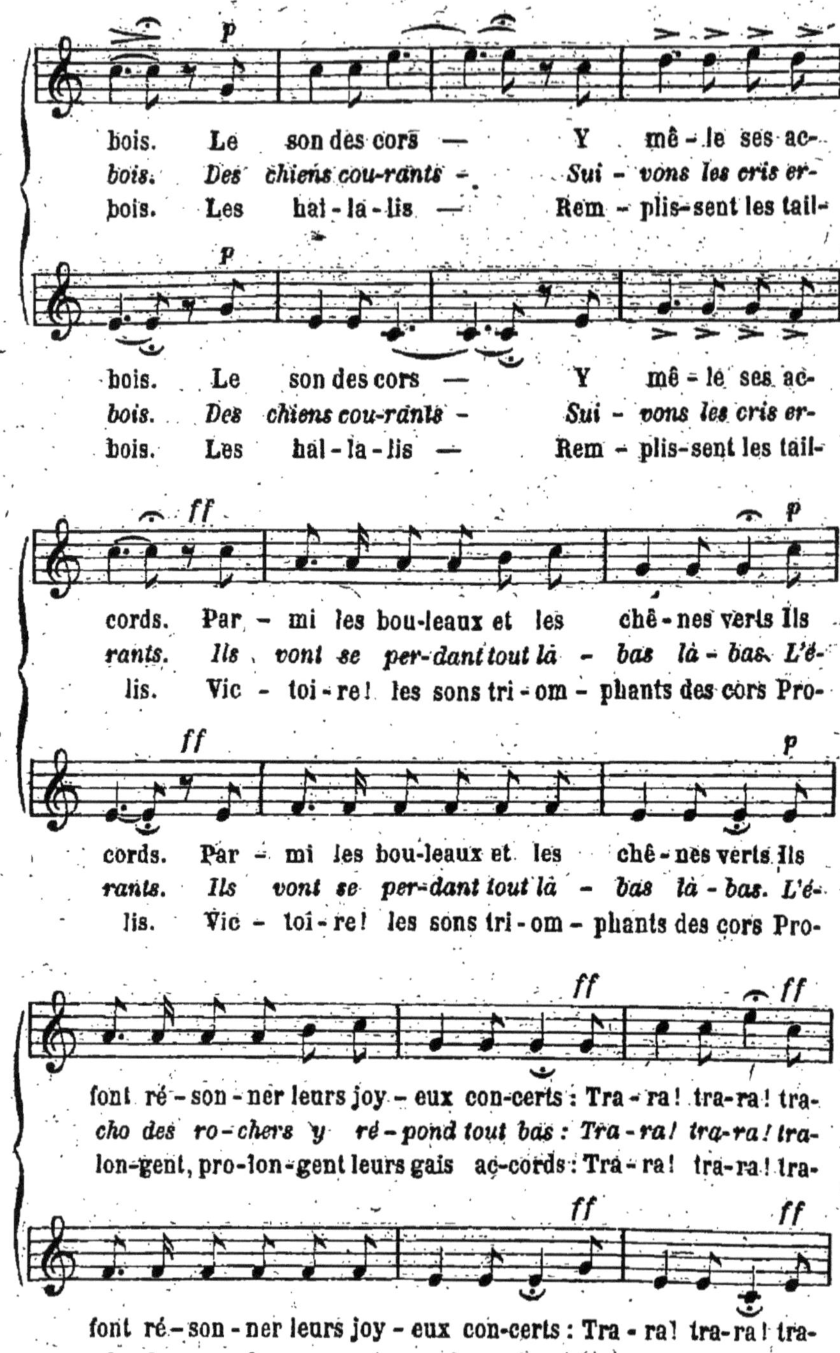
bois. Le son des cors — Y mê - le ses ac-
bois. Des chiens cou-rants - Sui - vons les cris er-
bois. Les hal - la - lis — Rem - plis-sent les tail-
bois. Le son des cors — Y mê - le ses ac-
bois. Des chiens cou-rants - Sui - vons les cris er-
bois. Les hal - la - lis — Rem - plis-sent les tail-
cords. Par - mi les bou-leaux et les chê - nes verts Ils
rants. Ils vont se per-dant tout là - bas là - bas. L'é-
lis. Vic - toi - re! les sons tri - om - phants des cors Pro-
cords. Par - mi les bou-leaux et les chê - nes verts Ils
rants. Ils vont se per-dant tout là - bas là - bas. L'é-
lis. Vic - toi - re! les sons tri - om - phants des cors Pro-
font ré - son - ner leurs joy - eux con-certs : Tra - ra! tra-ra! tra-
cho des ro - chers y ré - pond tout bas : Tra - ra! tra-ra! tra-
lon-gent, pro-lon-gent leurs gais ac-cords : Tra - ra! tra-ra! tra-
font ré - son - ner leurs joy - eux con-certs : Tra - ra! tra-ra! tra-
cho des ro - chers y ré - pond tout bas : Tra-ra! tra-ra! tra-
lon-gent, pro - lon - gent leurs gais ac-cords : Tra - ra! tra-ra! tra-

No 48.

L'ÉTOILE DU SOIR.

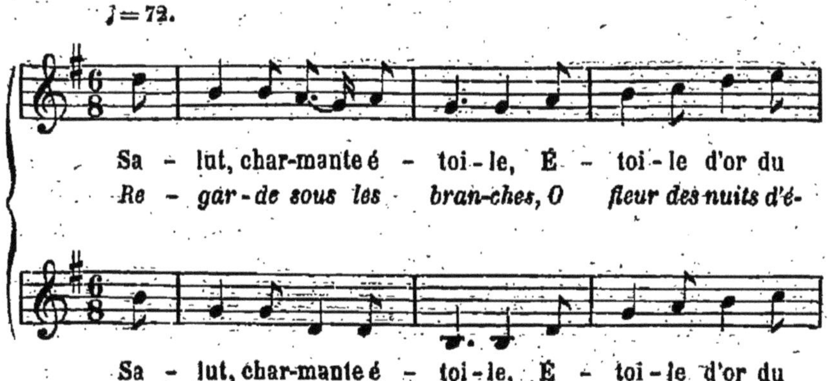

soir, Que l'om-bre nous dé - voi-le Dans
té; Par - mi tes sœurs si blan-ches Je
soir, Que l'om-bre nous dé - voi-le Dans
té; Par - mi tes sœurs si blan-ches Je

l'air ob-scur et noir! É - toi-le, ta lu-
cher-che ta beau - té. Car, ro-se lu-mi-
l'air ob-scur et noir! É - toi-le, ta lu-
cher-che ta beau - té. Car, ro-se lu-mi-

miè-re, Qui luit si dou-ce-ment, Tou-jours est la pre-
neu-se Que l'om-bre fait fleu - rir, Là - haut ma main pi-
miè-re, Qui luit si dou-ce-ment, Tou-jours est la pre-
neu-se Que l'om-bre fait fleu - rir, Là - haut ma main pi-

miè - re É - clo-se au fir - ma - ment.
eu-se Vou - drait t'al-ler cueil - lir.

miè - re É - clo-se au fir - ma - ment.
eu-se Vou - drait t'al-ler cueil - lir.

N° 49.

CHANSON DU CHASSEUR.

♩= 96.

L'au-be tou - te blan - che Bril - le dans les cieux.
Aux oi-seaux sans nom - bre Les ra-meaux en fleurs!
Dès la blanche au - ro - re, Dans ton frais jar - din,
Puis, la chas-se fai - te Et l'es - prit con - tent,

L'au-be tou - te blan - che Bril - le dans les cieux.
Aux oi-seaux sans nom - bre Les ra-meaux en fleurs!
Dès la blanche au - ro - re, Dans ton frais jar - din,
Puis, la chas-se fai - te Et l'es - prit con - tent,

Sous la ver - te bran-che Court le daim joy - eux. La la
Mais, ô bois, ton om - bre Est aux francs chas-seurs. —
Et le soir en - co - re, Nous cou-rons le daim. —
Quand on tient la bê - te, On re-vient chan-tant : —

Sous la ver - te bran-che Court le daim joy - eux. La la
Mais, ô bois, ton om - bre Est aux francs chas-seurs. —
Et le soir en - co - re, Nous cou-rons le daim. —
Quand on tient la bê - te, On re-vient chan-tant : —

la la la la la la la la la la la la la la la!

la la la la la la la la la la la la la la la!

N° 50.

LA CLOCHE DU SOIR.

—

pp
Chan-te tes rhyth-mes pi - eux. Car ton re-frain, ton re-
On n'en-tend plus que ta voix. Clo-che du soir, ton re-
Vont s'ap-prê-ter au re - pos; Clo-che du soir, et ton
pp
Chan-te tes rhyth-mes pi - eux. Car ton re-frain, ton re-
On n'en-tend plus que ta voix. Clo-che du soir, ton re-
Vont s'ap-prê-ter au re - pos; Clo-che du soir, et ton
frain doux et clair, J'ai-me à l'en-ten-dre qui chan-te dans l'air :
frain doux et clair, Chan-te tout seul et mur-mu-re dans l'air :
chant doux et clair, Prie a-vec eux et mur-mu-re dans l'air :
frain doux et clair, J'ai-me à l'en-ten-dre qui chan-te dans l'air :
frain doux et clair, Chan-te tout seul et mur-mu-re dans l'air :
chant doux et clair, Prie a-vec eux et mur-mu-re dans l'air :
pp
p
« Frè-res, pri-ez ; car le jour s'en-fuit; Frè-res, voi-ci la nuit. »
pp
p
« Frè-res, pri-ez ; car le jour s'en-fuit; Frè-res, voi-ci la nuit. »

N° 51.

LE CHANT NATIONAL. — 1830-1860.

AIR DE LA BRABANÇONNE.

1er COUPLET.

2e COUPLET.

Mar-che de ton pas é - ner - gi - que,
Mar-che de pro-grès en pro- grès ; Dieu, qui pro-té-ge la Bel-
gi - que, Sou - rit à tes mâ-les suc - cès. Tra-vail-
lons, no-tre la-beur don - ne A nos champs la fé - con- di-
té, Et la splen- deur des arts cou - ron - ne : « Le
Roi, la loi, la li-ber - té. » Et la splen-deur des arts cou-
ron - ne : « Le Roi, la loi, la li-ber - té. Le
Roi, la loi, la li-ber-té. Le Roi, la loi, la li-ber-té. »

3e Couplet.

Ou-vrons nos rangs à d'an-ciens frè — res, De
nous trop long-temps dés - u - nis ; Bel-ges, Ba-ta-ves, plus de
guer - res, Les peu-ples li-bres sont a - mis. A ja-
mais res-ser-rons en - sem-ble Les li - ens de fra-ter-ni-
té, Et qu'un mê-me cri nous ras - sem - ble : « Le
Roi, la loi, la li-ber - té ! » Et qu'un mê-me cri nous ras-
sem - ble : « Le Roi, la loi, la li-ber - té ! Le
Roi, la loi, la li-ber-té ! Le Roi, la loi, la li-ber - té ! »

4e COUPLET.

O Bel gique ô mè-re ché-ri-e, A
toi nos cœurs, à toi nos bras; A toi no-tre sang, ô pa-
tri-e. Nous le ju-rons tous, tu vi-vras! Tu vi-
vras tou-jours, grande et bel-le, Et ton in-vin-ci-ble u-ni-
té, Au-ra pour de-vi-se im-mor-tel-le: « Le
Roi, la loi, la li-ber-té. » Au-ra pour de-vise im-mor-
tel-le: « Le Roi, la loi, la li-ber-té. Le
Roi, la loi, la li-ber-té. Le Roi, la loi, la li-ber-té. »

No 52.

LE CHANT DU BELGE.

Paroles de J. BOUILLON.

2e Couplet.

Pour son pa - ys, pour son pa - ys, Que tout

Bel - ge tra-vaille et pen - se, Son dé-voue-ment fait la puis-

san-ce, La puis - san - ce de son pa - ys. Oui

règne en paix, no-ble pa - tri - e, Par les beaux-arts, par l'in-dus-

tri - e, Car les en - fants sont bien u - nis, Oui pour ja-

mais ils sont u - nis, Oui pour ja - mais ils sont u - nis.

3e Couplet.

De son pa - ys, de son pa - ys, Que tout
Bel-ge bien haut se van-te, La li-ber - té plan-ta sa
rit. f 1o tempo.
tên-te, Plan - ta sa ten-te en son pa - ys. Les
ver-tus sont hé-ré-di - tai - res, O ma pa-trie, tes fils sont
cresc.
frè - res; Pour te ser - vir ils sont u - nis, Oui pour ja-
f rit.
mais ils sont u - nis, Oui pour ja - mais ils sont u - nis.

4e Couplet.

rit. f 1o tempo.
cres. :
f
rit.
Sur mon pa - ys, sur mon pa - ys, De l'é-tran-
ger pe-sa la chaî-ne, Mais l'op-pres-seur su-bit sa
pei-ne, Su - bit sa peine en mon pa - ys; In-
dé-pen-dance, ô mot ma-gi - que, Brille au dra-peau de la Bel-
gi - que, Car peuple et Roi sont bien u - nis, Oui pour ja-
mais ils sont u - nis, Oui pour ja-mais ils sont u - nis.

TABLE DES MATIÈRES.

FIN DE LA TABLE.

L'UNION FAIT LA FORCE

www.ingramcontent.com/pod-product-compliance
Ingram Content Group UK Ltd.
Pitfield, Milton Keynes, MK11 3LW, UK
UKHW020352230726
13925UKWH00003B/1077

9 782013 681711